LA BOÎTE À OUTILS

DE LA Création d'entreprise

Catherine **Léger-Jarniou**

Georges **Kalousis**

DUNOD

ÉGALEMENT CHEZ DUNOD :

Construire son business plan, C. Léger-Jarniou, G. Kalousis, 2e édition, 2010.
Réaliser l'étude de marché de son projet d'entreprise, C. Léger-Jarniou, 3e édition, 2007.

Maquette de couverture : Maogani
Maquette intérieure : Nord Compo

ISBN : 978-2-10-055150-7

LA BOÎTE À OUTILS

DE LA Création d'entreprise

Préface

Avec 600 000 créations d'entreprise par an, la France est devenue un pays réellement entrepreneurial.
Si plus de la moitié de ces créations se font sous le nouveau régime de l'auto-entrepreneur, les immatriculations d'entreprises « classiques » se sont maintenues à un niveau très satisfaisant.
Cet engouement pour l'entrepreneuriat trouve certainement une de ses sources dans la crise. Le nombre de demandeurs d'emplois créateurs d'entreprises ne cesse d'augmenter. Mais, au-delà, la création est aussi un moyen que se donnent chaque année des centaines de milliers de Français pour maîtriser leur vie professionnelle et trouver une sécurité dans leur « auto-management ».
La crise, parce qu'elle rebat les cartes et modifie en profondeur les couples produits-marchés est aussi un facteur d'opportunités nouvelles à saisir en innovant, au sens large du terme : mise en œuvre de nouveaux modes d'organisation, de financement, de formation des hommes, qui viennent optimiser la chaîne de production ou de services. Dans ces conditions, le business-plan des créateurs d'entreprises doit se construire impérativement sur une double approche, marketing et stratégie d'une part, organisation et finances d'autre part.
Dans leur ouvrage, Catherine Léger-Jarniou et Georges Kalousis s'inscrivent totalement dans cette démarche. Les outils qu'ils proposent prennent en compte les évolutions législatives et réglementaires les plus récentes, telle la création du régime de l'EIRL.
Experts reconnus, Catherine et Georges participent très activement depuis plusieurs années aux réflexions de l'APCE en matière de promotion de l'entrepreneuriat. Aussi est-ce bien volontiers que nous cosignons cette préface, certains que la *Boîte à outils de la Création d'entreprise* sera une contribution importante à la pérennité des nouvelles entreprises créées.

Jean-Claude VOLOT
Président du conseil de l'APCE

Philippe MATHOT
Directeur général de l'APCE

Avant-propos

Le nombre de créations d'entreprises a atteint un niveau record en 2009, avec 580 200 créations, soit 75 % de plus qu'en 2008. La hausse des créations touche tous les secteurs à l'exception des activités immobilières, mais avec de très fortes disparités sectorielles.
Le nouveau régime d'auto-entrepreneur explique très largement cette augmentation sans précédent, observée dans pratiquement tous les secteurs d'activité et dans toutes les régions.
En dehors de ce nouveau régime, le nombre de créations a diminué fortement en 2009 dans tous les secteurs d'activité à l'exception de l'industrie, et dans toutes les régions. Les chiffres pour 2010 semblent repartir à la hausse.

La création… un rêve pour beaucoup…

La création d'entreprise est une véritable « aventure ». Elle demande de l'enthousiasme mais aussi du réalisme et une démarche professionnelle pour **transformer une idée**… **en un projet** puis en **une entreprise**.
Le créateur (ou porteur de projet), même s'il part seul dans l'aventure, n'est pas isolé et ne doit pas l'être. Il a un entourage, des amis et des contacts professionnels à mobiliser. Il aura aussi des interactions avec des clients, des fournisseurs, d'autres entrepreneurs et avec l'administration.
La création d'une entreprise se matérialise par un document, appelé **business plan** (BP). Ce document va être la base de la réflexion du créateur tout au long du processus de construction de son projet, qui peut prendre de six mois à un an. La construction doit être conçue autour d'un véritable **dialogue entre les aspects stratégiques et marketing** d'un côté et **les aspects organisationnels et financiers** de l'autre.
Le créateur doit rester maître de la construction de ce document, même s'il est recommandé de se faire aider par des spécialistes pour compléter son savoir-faire.
Beaucoup de projets ne débouchent pas sur des créations car les idées ne sont pas concrétisées sur le papier (modèle économique imprécis), l'organisation générale est mal définie et les moyens financiers insuffisants. Enfin, l'adéquation homme-projet ou femme-projet n'est pas au rendez-vous.
Dès que l'entreprise est créée, tout reste à faire et la pérennité exige les mêmes caractéristiques de modèle économique, d'organisation et de financement, sans oublier l'évolution du rôle du créateur qui passe de porteur

de projet à entrepreneur. Commencer à réfléchir au **développement des premières années** est également indispensable dès le départ.
Quel que soit le secteur d'activité choisi, on constate que les entreprises qui démarrent avec des salariés, avec des capitaux propres suffisants et un modèle économique solide fondé sur une étude de marché sérieuse ont plus de chance de succès que les autres.
De même, choisir un secteur difficile d'accès pour démarrer augmente la pérennité car les barrières à l'entrée sont plus élevées. Utiliser toutes ses compétences et ses savoir-faire dans le même secteur est un atout appréciable, au-delà du capital social détenu. S'investir personnellement dans le projet est apprécié par les partenaires avec lesquels il est conseillé de travailler étroitement.

Ce livre... pour qui ?

Ce livre s'adresse à tout porteur de projet, quel que soit son projet.
Les outils présentés sont en interrelation même s'ils font partie de dossiers différents car ils participent tous à un même objectif : la construction d'un business plan. Il s'agit bien d'**un processus**. Et comme pour tout processus, des allers et retours seront nécessaires et salutaires entre les différents outils.
Cependant, pour plus de clarté, les outils ont été classés en treize dossiers qui correspondent à l'ordre de la démarche de la création.

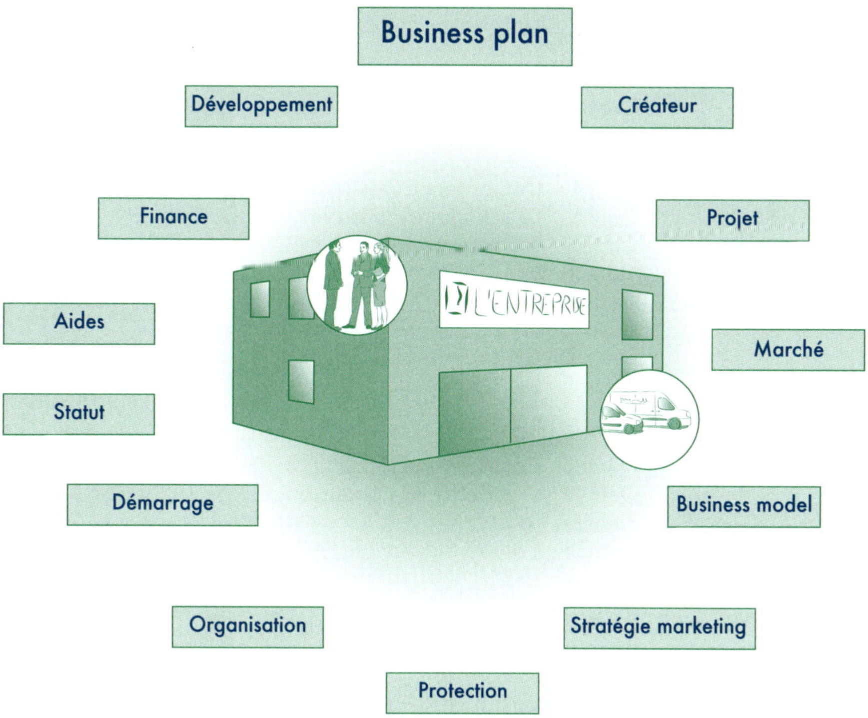

Cette *Boîte à outils* peut être consultée directement sur un outil précis, pour clarifier ou actualiser ses connaissances, ou bien étudiée de manière linéaire, pour construire son business plan pas à pas.
La **cohérence du projet** et donc du dossier final business plan est la clé n° 1 du succès !

Sommaire

La Boîte à outils, mode d'emploi

Une double page de présentation de la thématique

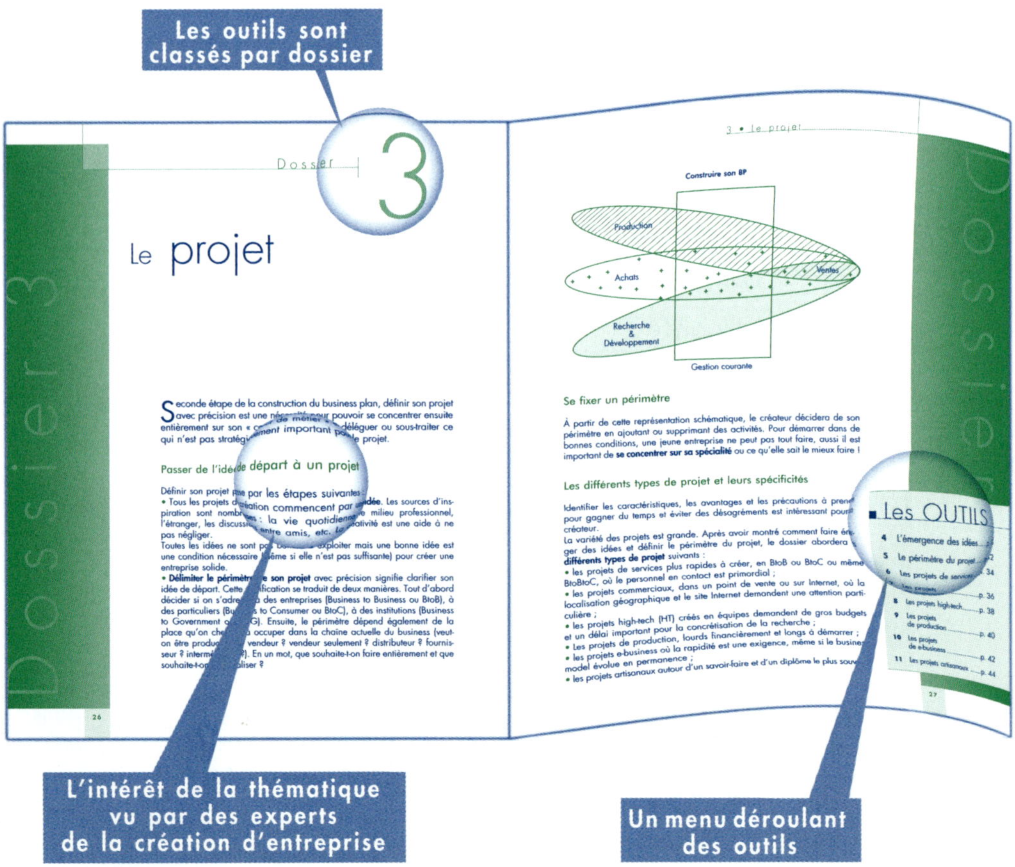

Les outils de la Création d'entreprise sur 2 ou 4 pages

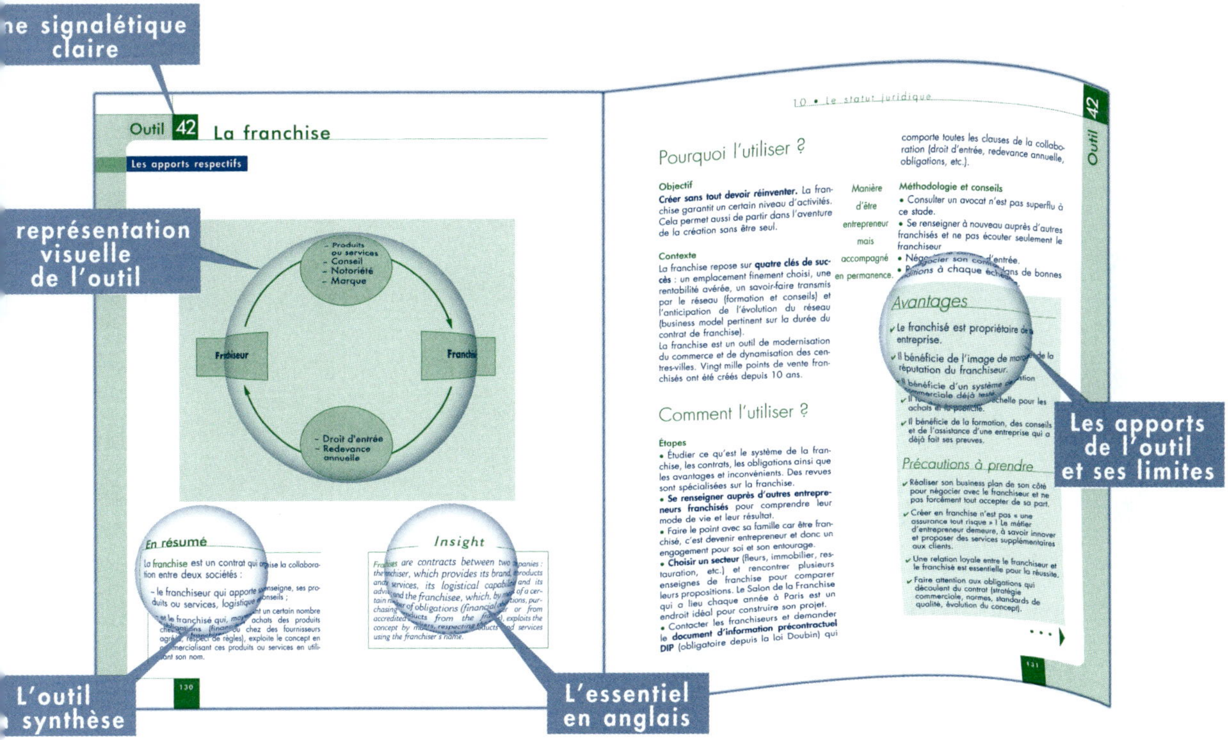

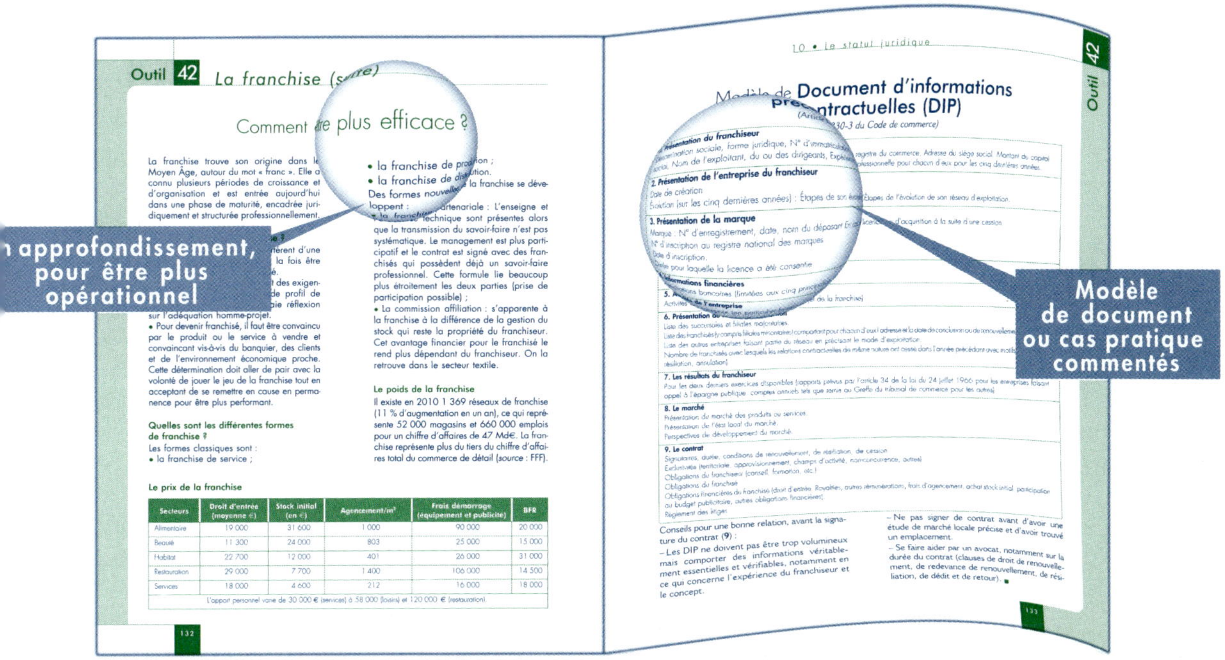

Le business plan

La création d'une nouvelle entreprise se concrétise par la construction d'un business plan (BP) ou plan d'affaires. Cette concrétisation présente deux avantages.

Un document et deux objectifs

Tout d'abord, elle vise l'écriture d'un document complet qui présente la nouvelle entreprise et ses fondements. Ce document est basé sur des « **preuves** » qui rendent le projet réalisable. Le document BP sera un outil de pilotage pour le créateur, il lui permettra d'avancer dans son projet : c'est son « **document de travail** ». Ensuite, une fois le projet bien avancé, il deviendra un « **outil de communication** » auprès de tiers (associés, investisseurs, banquiers) qu'il souhaite voir s'engager dans le projet.

Un processus de création itératif

La création d'entreprise est une « belle aventure » qui nécessite sérieux, réflexion et professionnalisme. Le second avantage du BP tient dans son processus de construction : prendre du temps, faire des allers et retours, amender certains points. Cette **construction itérative** est bénéfique au projet. Un BP ne peut s'écrire en moins de 6 mois.
La présentation du business plan est codifiée. Quant à sa construction, il est possible d'avancer sur différents éléments à la fois : la connaissance du marché et la recherche de documentation sur le matériel de production par exemple, ou la recherche d'informations sur les concurrents et la recherche

de prix de locaux. Cependant, une certaine logique dans la construction doit être suivie pour « ne pas mettre la charrue avant les bœufs », ce qui est une erreur fréquente des créateurs.

Aussi, il est recommandé de suivre les étapes suivantes, car l'avancée ou les décisions prises dans une étape auront des répercussions sur l'étape suivante.

Une suite d'étapes

Étape 1 Évaluer ses compétences pour se lancer et faire le point sur ce qu'on désire pour soi, pour son entourage et pour la future entreprise.

Étape 2 Définir son projet avec précision permet de se concentrer ensuite entièrement sur son « cœur de métier » et déléguer ou sous-traiter ce qui n'est pas stratégiquement important pour le projet.

Étape 3 Étudier le marché, l'état du secteur dans lequel on souhaite se lancer et la concurrence pour pouvoir définir son business model (BM) ou modèle économique et déboucher sur le calcul du chiffre d'affaires prévisionnel.

Étape 4 Le business model est le « cœur » du BP. C'est l'expression claire de l'offre et de son positionnement ainsi que de son principe de rentabilisation.

Étape 5 Décliner le BM en objectifs et outils stratégiques et marketing pour permettre à la nouvelle entreprise d'atteindre ses objectifs préalablement déterminés (chiffres d'affaires, part de marché, etc.).

Étape 6 La concurrence est vive et il est crucial de protéger ses avantages compétitifs, qu'il s'agisse de découvertes, de son nom ou logo, de dessins ou d'œuvres.

Étape 7 Identifier l'ensemble des moyens à mettre en œuvre pour atteindre les objectifs fixés dans le business model.

Étape 8 Repérer les formalités nécessaires au démarrage de l'entreprise.

Étape 9 Se lancer en tant que créateur peut se faire sous différentes formes juridiques qui vont du régime de l'auto-entrepreneur au statut d'entreprises ou bien encore en tant que franchisé.

Étape 10 Les aides et subventions sont nombreuses. Bien se repérer sans perte de temps est nécessaire, d'autant que l'objectif principal d'une nouvelle entreprise ne doit pas être de bénéficier d'aides et subventions.

Étape 11 Traduire en termes financiers l'ensemble de ces éléments qui se regroupent en deux grandes catégories : les ventes et les charges engendrées par tous les moyens à mobiliser.

Étape 12 Penser au futur du projet dès la création en termes de perspectives d'avenir pour entraîner l'adhésion des interlocuteurs. Ils détestent tous s'engager dans un projet sans grand avenir.

Les OUTILS

Outil 1 La construction du business plan

Présentation conseillée

Business plan

- Executive Summary
- Historique du projet et des créateurs
- Le projet
- Le business Model
- La technologie et sa protection
- Les moyens à mettre en œuvre
- Les éléments juridiques
- La structure du capital
- Le chiffrage du projet
- Les perspectives d'avenir

Annexes

En résumé

Le BP est un document écrit, synthétique et prospectif qui présente le projet. Il est complet et retrace « l'histoire d'une idée » qui se transforme en « projet d'entreprise ». De ce fait, il compte deux parties liées : une partie textuelle (qui raconte l'histoire du projet et des créateurs, le projet et son business model, les moyens à mettre en œuvre et les aspects juridiques) et une partie chiffrée qui traduit ce projet en termes financiers.

Il démarre par un résumé (*executive summary*) et se termine par les perspectives d'avenir.

Insight

The business plan is a synthetic, prospective written document in which the project is described and presented. A complete document, it outlines the "history of an idea" that has been developed into a "business project". Accordingly, the business plan consists of two interlinked sections : a text (describing the history of the project, the people behind it, the project and its business model, the resources required for its success, and the legal aspects) ; and a set of figures describing the project in financial terms. The document starts with an "Executive Summary" and concludes with a review of future perspectives.

Pourquoi l'utiliser ?

Objectif

Quel que soit le projet de création envisagé, un business plan est nécessaire. C'est un **document complet** qui présente le projet et sa traduction financière, avec les quatre objectifs suivants :

- Expliquer le contenu du projet, son origine et ses perspectives d'avenir.
- Prouver la viabilité et la rentabilité du projet.
- Séduire les futurs partenaires (associés, premiers salariés, investisseurs, banquiers, fournisseurs et clients) car l'offre est originale et correspond à un marché.
- Convaincre les partenaires de participer au projet parce qu'ils y trouvent un avantage financier.

Contexte

Le business plan a deux destinataires et donc deux missions :

- C'est un « **document de travail** » dans le sens où il aide le créateur à clarifier ses idées au fur et à mesure de l'avancement de la construction du projet. Le BP est important en tant que document final mais également en tant que processus de construction qui permet de prendre du recul sur son idée. C'est la feuille de route du créateur, appelée BP de référence.
- C'est aussi un « **document de communication** » qui permettra de dialoguer avec les partenaires de la nouvelle entreprise comme les banques, les fournisseurs ou tout autre partenaire et donc de « vendre » le projet.

Le BP se construit avec le temps pour définir une offre solide et cohérente.

Comment l'utiliser ?

Étapes

- **Étudier le produit ou service** de la future entreprise.
- **Analyser le marché et la concurrence** pour savoir si cette offre est acceptable par le marché, à quel prix, à quelle fréquence.
- **Définir son couple produit/marché** (quoi vendre ? Et à qui ?) et sa stratégie marketing.
- **Étudier l'organisation** de la nouvelle entreprise (besoins en matériels, locaux et personnel).
- **Traduire ces études en termes financiers** pour estimer les capitaux initiaux nécessaires, la viabilité et la rentabilité de l'entreprise.

Méthodologie et conseils

- Le business plan doit être réalisé en priorité par le créateur et son équipe restreinte avec l'aide d'experts.
- Il est essentiel, pour la cohérence du dossier, d'organiser un dialogue permanent entre les éléments marketing et stratégiques du projet et les éléments financiers. ■

Avantages

✔ Écrire son BP permet au créateur de prendre le recul nécessaire par rapport à ses idées de départ pour ne pas s'enliser dans ses certitudes.

✔ Le business plan est un document qui prouve la viabilité du projet et donc sa création de valeur.

✔ Le BP devient le « contrat » entre les premiers partenaires.

Précautions à prendre

✔ Ne jamais sous-estimer les coûts ni surestimer le chiffre d'affaires.

✔ Apporter des preuves en citant des sources identifiées et récentes.

✔ Privilégier le démarrage avec des partenaires, c'est plus simple et plus rapide (sauf pour Bill Gates maintenant !).

✔ Se faire aider par des experts pour les tâches que l'on ne maîtrise pas.

La rédaction et la présentation du BP

Quelques points de repère

RÉDACTION

- Le créateur est le rédacteur.
- Le BP se construit au fur et à mesure de l'avancement des différentes études et décisions.
- Il s'écrit en faisant des allers et retours, après tout changement même mineur, dans une des études réalisées.
- Il se décline en autant de versions que de futurs partenaires.

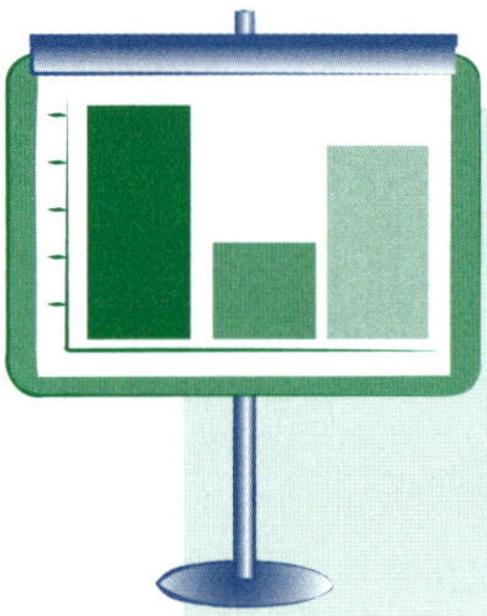

PRÉSENTATION

- C'est un document clair et précis qui apporte des preuves.
- Il comprend 20 à 30 pages, plus les annexes.
- Une présentation PowerPoint de 15 minutes permet au créateur de présenter son projet (15 *slides* maximum).

En résumé

La rédaction doit être soignée et le document compris par l'ensemble des partenaires, soit écrit en langage clair et simple.

Selon les partenaires, le créateur prépare des versions différentes par rapport au BP de référence. Chaque version spécifique mettra en lumière les éléments qui intéressent le plus chaque partenaire.

Insight

Attention needs to be paid to the way in which the business plan is written. It must be understood by all the partners and laid out in clear, easy-to-read language. The entrepreneur will prepare different versions of the standard business plan for different partners. These versions will feature the elements likely to be of most interest to them.

Pourquoi l'utiliser ?

Objectif

À tout moment, le créateur doit être capable de parler de son projet. Le passage systématique par l'écrit permet de clarifier ses idées et apporter des réponses aux questions qui jalonnent sa construction. Ensuite, il devra présenter un document assez précis et clair pour que les futurs partenaires soient capables, en étudiant seuls le document, de comprendre et analyser le projet.

Se mettre à la place du lecteur pour écrire et présenter un BP séduisant.

Contexte

La présentation est relativement codifiée. Elle contient des informations sur le créateur, son offre, les moyens mis en œuvre pour atteindre les objectifs, les résultats financiers et les perspectives d'avenir. Elle doit mettre en valeur les **avantages concurrentiels du projet**. La présentation orale doit reprendre tous ces éléments et mettre en évidence les points forts du créateur et du projet.

Comment l'utiliser ?

Étapes

- **Écrire le business plan de départ** (ou BP de référence) :
  - Ne pas dépasser 3 niveaux de police de caractère pour faciliter la lecture.
  - Utiliser la couleur sans en abuser.
- **Enrichir ce BP** toutes les semaines en fonction de l'avancement du projet.
- **Au bout de 3 à 6 mois** (selon les projets), le BP de référence commence à être complet et peut être aménagé pour être diffusé.
- **Chaque partenaire** souhaite avoir plus de détails sur certains points (un fournisseur sur le volume et la saisonnalité des achats, un banquier sur le niveau de trésorerie, etc.). Utiliser le copier-coller pour créer des versions différentes. Les enregistrer avec date, destinataire et numéro de version.
- **Préparer une présentation** PowerPoint claire qui reprend les éléments essentiels du business plan. Ne pas dépasser le temps limité et organiser le rythme de la présentation.
- **Anticiper les questions** que chaque type de partenaire posera après la présentation.

Méthodologie et conseils

- Soignez l'*executive summary*, c'est « LA » page cruciale qui doit donner envie de lire et étudier le dossier.
- « Jouez cartes sur table » en affichant la réalité de la situation du projet (difficultés et moyens de les surmonter, risques).
- Les annexes comprennent un ensemble de preuves supplémentaires.
- Ne perdez pas de temps pour la partie financière, utilisez un logiciel spécialisé.
- Pensez à faire signer une **lettre de confidentialité** avant chaque transmission ou présentation du dossier.
- Un graphique est plus significatif qu'un tableau de chiffres.
- Un tableau regroupant des informations est plus parlant que 2/3 pages de texte.

Avantages

- ✔ Un BP « sérieux » et cohérent facilitera la réussite de la future entreprise.
- ✔ Un BP clair est un « business plan vendeur ».

Précautions à prendre

- ✔ Équilibrer les différents points du BP.
- ✔ Garder la maîtrise de la rédaction de son business plan tout au long du processus.
- ✔ Éviter tout jargon.
- ✔ Réactualiser le BP systématiquement car les concurrents ne restent pas sans réaction et les clients sont volatils.
- ✔ Une bonne présentation orale est fluide et compréhensible. Plusieurs répétitions s'imposent !

• • •

Comment être plus efficace ?

Executive summary

L'ES est la clé du succès pour communiquer sur son projet.
C'est un résumé stratégique d'une page (ou deux maximum) qui reprend les fondamentaux du projet. Tout lecteur du BP commence par cette page pour comprendre l'enjeu et la portée du projet. Il ne prend que quelques minutes pour se faire un avis :

- négatif s'il pense avoir lu récemment des BP similaires ou connaît des BP qui ne sont pas satisfaisants ;
- positif s'il pense avoir découvert une pépite ! Dans ce cas il lit rapidement le BP entier et prend rendez-vous avec le porteur de projet si son avis positif est confirmé ;
- mitigé, ce qui est le cas le plus fréquent, s'il pense que ce projet pourrait devenir intéressant. Il lira l'ensemble du document pour se forger un avis définitif de rejet ou de poursuite de la discussion.

L'**ES s'écrit et se réécrit avec minutie** (chaque mot compte !). Le faire relire par les co-créateurs et/ou des proches de confiance est indispensable pour valider sa clarté et sa cohérence.
La rédaction doit être professionnelle et concise pour mettre en avant les avantages du projet et la demande des créateurs faite au lecteur (mise à disposition de marchandises, première grosse commande, partenariat de production, participation financière, etc.).
Pour s'entraîner à écrire une page « de rêve », on peut utiliser la méthode de l'*elevator pitch*. Cela consiste à être convaincant face à un décideur le temps d'un trajet en ascenseur, soit 2 minutes. Tous les points essentiels du projet doivent être abordés avec emphase et l'interlocuteur doit comprendre et être séduit par ce projet pour y participer. Tant que l'ES (ou l'*elevator pitch*) n'est pas optimum, il est conseillé de ne pas présenter son dossier.

Lettre de confidentialité

La confidentialité du projet appartient à son porteur. Aussi, il est très professionnel de faire signer un accord de confidentialité avant de remettre un exemplaire du BP ou avant de le présenter oralement à des futurs partenaires et investisseurs.
Un tel accord n'est pas une garantie totale mais une certaine garantie.
Pour garder l'entière confidentialité sur son projet, deux techniques peuvent être utilisées :

- écrire uniquement les arguments sur « le à quoi ça sert » et jamais sur « le comment ça marche »,
- écrire en inversant les rôles et en se mettant à la place du lecteur. Dès que l'information est suffisante pour qu'il puisse prendre une décision par rapport au projet, stopper l'écriture. De plus amples renseignements pourront être ensuite donnés lors de la présentation orale.

L'accord exposera et listera, de façon aussi exhaustive que possible, les informations définies comme confidentielles par l'entrepreneur et le sort qui devra leur être réservé.
L'investisseur a obligation :

- de ne communiquer lesdites informations qu'à certaines personnes (conseils, banquiers et membres de son équipe) qui devront respecter cet engagement ;
- de restituer et/ou détruire, à la fin de l'accord, tous les supports d'informations qui lui auront été remis par le créateur.

L'accord stipule également la durée de la confidentialité.

Modèle de **Lettre de confidentialité**

Cette grille est un exemple-type, à moduler selon les situations. ■

Cet accord de confidentialité est conclu entre :
(Nom, prénom, fonction, société, N° RCS, adresse de la société) nommé ci-après **partie A**
Et
(Nom, prénom, fonction, société, N° RCS, adresse de la société) nommé ci-après **partie B**

Il a été préalablement exposé ce qui suit :

La partie A souhaite présenter à la partie B son projet de création d'entreprise en vue d'une participation financière de la partie B. Dans ce cadre, la partie A sera amenée à fournir des informations confidentielles à la partie B.
Sont considérées comme informations confidentielles (ci-après les Informations) toutes les informations concernant le projet, qui pourraient être transmises de quelque manière que ce soit et par quelque moyen que ce soit, à l'exception de celles connues du public, sans violation des présentes.

La partie B reconnaît que ces Informations présentent un caractère confidentiel et s'engage en conséquence :
– À en conserver le caractère confidentiel, à ne pas les divulguer ou laisser divulguer à des tiers, de quelque manière que ce soit, et à prendre toutes précautions et mesures nécessaires à cet effet.
– À ne communiquer les informations qu'aux conseils indispensables à l'élaboration d'une éventuelle offre.
– À porter à leur connaissance le présent engagement et à leur en faire signer une copie de cette lettre.

Si la partie B décidait de ne pas donner suite à ce projet elle s'engage à restituer l'ensemble des Informations et à n'en garder aucune copie, que ce soit sous format numérique ou physique.
Les obligations et engagements décrits aux termes des présentes porteront sur une durée de (x) mois, sauf stipulation contraire, à compter de la date de la signature des présentes.

Les présentes sont soumises aux règles de droit français. Tout litige portant sur la teneur ou l'exécution des présentes sera de la compétence des tribunaux de la cour d'appel de (ville).

Fait à (ville), le (date), en deux exemplaires :

La partie A
Nom, Prénom
Fonction, (société)
Signature

La partie B
Nom, Prénom
Fonction, (société)
Signature

Le créateur

Première étape dans la construction du business plan, une étude du créateur (ou des créateurs) et de ses (leurs) compétences s'impose car créer une entreprise ne se résume pas à une aventure économique ; c'est également une **aventure humaine**.

Se connaître avant de se lancer

Tout le monde peut devenir créateur d'entreprise, mais certains réussiront mieux que d'autres. Pour augmenter ses chances de réussite, il est tout à fait crucial, même si cela peut paraître *a priori* dérangeant, de **faire son propre bilan**.
Lorsqu'on souhaite reprendre une entreprise par exemple, on l'étudie sous toutes ses coutures, sans oublier le caractère et le savoir-faire de celui qui la vend. Lorsqu'on souhaite créer, la démarche est la même, à la seule différence que ce bilan devient un auto-bilan.
Ce n'est pas simple. Pour le réaliser sereinement, il est bon de prendre un peu de temps et de recul et de le faire en toute honnêteté pour soi seulement.
Si la création se fait en équipe, il est possible – après que chaque membre de l'équipe aura fait son auto-bilan – de demander aux autres membres de l'équipe quels sont les points forts et faibles du premier. Et ainsi de suite pour chaque membre de l'équipe. Cette manière de procéder est aussi très instructive et permet une discussion sincère.

Les avantages de cette étape

Ce bilan permet :
• de bien se connaître (points forts, points faibles) avant de se lancer et d'être au clair avec ses valeurs et ses ambitions vis-à-vis de la nouvelle

entreprise. Chaque créateur ambitionne des choses différentes pour lui et son entourage et recherche de ce fait une création en solo ou bien en équipe. Chaque formule est différente et aura des conditions de réalisation également différentes ;

Points forts	Points faibles

• d'évaluer ses compétences, motivations, contraintes et ambitions globalement tout d'abord mais aussi en fonction du type de projet souhaité.
Par exemple, un cadre d'entreprise pense souvent qu'il connaît toutes les ficelles de son métier et du secteur dans lequel il désire maintenant se lancer. C'est vrai pour une part. Mais les habitudes sont parfois mauvaises conseillères et il est impératif de vérifier ses compétences par rapport à un secteur qui évolue ou par rapport à des pratiques différentes émanant de nouveaux concurrents. Il est bon de se comporter, à ce niveau, comme un débutant qui découvre !

Une cohérence homme-projet toujours recherchée

Une fois cet auto-bilan réalisé, il sera aménagé entre forces et compétences à présenter dans le business plan. Une **cohérence homme-projet** est toujours souhaitable. Il est bon de se rappeler, pour les projets qui demandent des partenaires notamment financiers, que ces derniers financent d'abord un homme (ou une femme) avant de financer un projet. Aussi, ils aimeront beaucoup lire le paragraphe consacré aux qualités, compétences et expérience du ou des créateurs. Il ne faut pas hésiter à les mettre en avant de manière franche !

■ Les OUTILS

Outil 3 Le bilan personnel avant de se lancer

Qui suis-je ?

En résumé

La réussite d'une création repose principalement sur la personnalité et les capacités du ou des créateurs. Avant de travailler sur la faisabilité du projet, il est indispensable de réfléchir en termes de cohérence homme-projet. Chaque créateur est différent et certains veulent entreprendre seuls. Mais gérer une entreprise requiert des compétences multiples et complémentaires et donc nécessite une équipe.

Aussi, il convient de bien se connaître pour chercher à s'allier ou à embaucher des compétences qu'on ne possède pas.

Insight

The success of a new business depends primarily on the personality and capacities of the entrepreneur or entrepreneurs involved in it. Before looking into the feasibility of the project, it is necessary to think in terms of the compatibility between people and the projects they intend to develop. Every entrepreneur is different and some want to do things on their own. But running a company requires many different and complementary skills, which implies a team of people.

It is thus necessary to hire or form alliances with people who can bring different skills to the table.

Pourquoi l'utiliser ?

Objectif

Avant de se lancer dans l'aventure de la création d'entreprise, il est très important de bien se connaître en faisant le point sur qualités, ses propres objectifs et sur ses compétences et sur ce que signifie devenir entrepreneur pour soi et sa famille. Dans le cas d'une création en équipe, tous les membres de l'équipe doivent aussi se soumettre au même bilan et en discuter avant de se lancer pour être certains de construire ensemble un même projet.

Se connaître pour bien décider et s'entourer des meilleures compétences.

Contexte

Un business plan repose en premier lieu sur la qualité des hommes et des femmes qui composent l'équipe restreinte de départ : le ou les créateurs, les associés, les premiers salariés. Pour preuve, les investisseurs jugent en premier lieu la qualité, les compétences et la cohérence de l'équipe avant de s'engager à financer un projet. Il ne suffit pas de présenter un projet pérenne et rentable si l'équipe est ensuite incapable de gérer toutes les situations. De plus, certains projets doivent obligatoirement pouvoir compter sur une équipe spécifique dès le départ (un cuisinier pour un restaurant, un informaticien pour un projet de vente sur Internet, des ingénieurs pour un projet technologique).

Comment l'utiliser ?

Étapes

- **Évaluer ses motivations** en tant que créateur : que veut-on ? (créer en solo/en équipe, pour soi/pour transmettre, pour avoir un revenu/pour créer une grande affaire).
- **Évaluer ses contraintes personnelles** (rapport au temps, situation familiale, entourage, santé, revenu minimum vital, etc.)
- **Réaliser un bilan de ses compétences individuelles** et de ses lacunes : que sait-on faire ? Que veut-on faire ? Que pourra-t-on faire ? en termes de compétences techniques, commerciales, juridiques, financières et stratégiques.
- **Évaluer les écarts** entre les deux et les possibilités de les résorber (embauche, association, sous-traitance).

Méthodologie et conseils

- Prendre du temps pour réaliser ce bilan avant de foncer sur l'aspect faisabilité commerciale et financière.
- Parler de son bilan avec son entourage pour obtenir son avis et son soutien.
- Pour ceux qui ne se sentent pas tout à fait près, des alternatives existent :
  - Pour tester son idée ou compléter son revenu, le statut d'auto-entrepreneur est idéal.
  - Pour ceux qui ne souhaitent pas prendre trop de risque, entrer dans un réseau de franchise peut être une solution.

Avantages

✔ Le bilan personnel permet d'identifier ses points forts et ses points faibles.

✔ Bien se connaître « franchement » évitera bien des problèmes dans le futur.

Précautions à prendre

✔ On se lance avec des personnes compétentes qui souhaitent au départ prendre un peu de risque (pas forcément des amis).

✔ Un créateur ne peut pas tout faire ! (vendre, produire et comptabiliser). Il doit s'entourer pour réussir.

• • • ▶

Comment être plus efficace ?

« Connais-toi toi-même »
Socrate

Faire honnêtement le point

Étant donné que la réussite d'une nouvelle entreprise dépend de la qualité des hommes et des femmes qui la créent, il est indispensable de réaliser un bilan complet des compétences et expériences, des motivations, des objectifs ainsi que des contraintes personnelles du ou des créateurs et celles relatives au projet.
Vérifier la **cohérence homme-projet**. Évaluer les écarts, estimer s'ils sont contournables et en rechercher les moyens (temps, argent, technique…).

Ne rien oublier

Toute expérience est un « plus » pour le projet. Ne pas sous-estimer les activités réalisées dès le plus jeune âge ou dans un cadre bénévole ou associatif qui vous ont apporté des connaissances dans un domaine (pratique d'un sport par exemple) ou des qualités humaines (capacité d'encadrement, leadership). Les jeunes créateurs peuvent ainsi lever le handicap de leur âge s'ils ont déjà été très actifs.

À faire par tous les membres de l'équipe

Une équipe se construit sur un intérêt commun, un parcours commun, un projet commun, des objectifs clairs et une vision partagée.

Évaluer ce qu'on sait faire d'une part et ce qu'on veut faire d'autre part permet de démarrer sur de bonnes bases. Tous les membres de l'équipe de départ doivent en faire autant, ce qui permet de s'associer ou de travailler avec des objectifs (à court et moyen termes) clairs et connus.

Utile aussi pour recruter

Pour combler les manques de compétences découvertes à l'issu de ce bilan, le ou les créateurs établiront des **fiches de poste** (*job description*) qui faciliteront l'embauche de personnes nécessaires au bon fonctionnement de l'entreprise.
Lors des entretiens d'embauche, les futurs salariés passent des tests de personnalité et de motivation. Dans le cadre d'une création, la problématique est la même. La seule différence vient du fait qu'on les réalise seul et pour soi. Mais leur importance est au moins aussi grande.

Conseils

- Réaliser ces bilans dans le calme, en toute honnêteté.
- Des tests sont disponibles sur Internet.
- Ce bilan rassure les futurs partenaires, notamment financiers.
- Prenez l'avis de votre entourage.

Exemple d'une **Grille d'évaluation de personnalité et de compétences**

Compétences et expériences	Personnalité	Motivations	Objectifs	Contraintes personnelles	Contraintes du projet
Techniques	Attitude par rapport aux responsabilités	Liberté	Assurer son emploi	Niveau de revenu	Techniques
Commerciales	Self-control	Revenu	Croître	Familiales	Réglementaires
Marketing	Passions	Opportunité	Transmettre	Situation professionnelle (chômage)	Financières
Stratégiques	Valeurs/ croyances	Nécessité	Revendre	...	Protection
Juridiques	Relation au temps	Réalisation de soi	...		...
Financières	Résistance physique	Statut			
Gestion du personnel	...	Développement personnel			
Internet		...			
Langues étrangères					
Réseau					
...					

Ce type de grille s'utilise pour évaluer ses compétences, objectifs, motivations, ses propres contraintes et sa personnalité. ■

Le projet

Seconde étape de la construction du business plan, définir son projet avec précision est une nécessité pour pouvoir se concentrer ensuite entièrement sur son « cœur de métier » et déléguer ou sous-traiter ce qui n'est pas stratégiquement important pour le projet.

Passer de l'idée de départ à un projet

Définir son projet passe par les étapes suivantes :

• Tous les projets de création commencent par une **idée**. Les sources d'inspiration sont nombreuses : la vie quotidienne, le milieu professionnel, l'étranger, les discussions entre amis, etc. La créativité est une aide à ne pas négliger.

Toutes les idées ne sont pas bonnes à exploiter mais une bonne idée est une condition nécessaire (même si elle n'est pas suffisante) pour créer une entreprise solide.

• **Délimiter le périmètre de son projet** avec précision signifie clarifier son idée de départ. Cette clarification se traduit de deux manières. Tout d'abord décider si on s'adresse à des entreprises (Business to Business ou BtoB), à des particuliers (Business to Consumer ou BtoC), à des institutions (Business to Government ou BtoG). Ensuite, le périmètre dépend également de la place qu'on cherche à occuper dans la chaîne actuelle du business (veut-on être producteur et vendeur ? vendeur seulement ? distributeur ? fournisseur ? intermédiaire ?). En un mot, que souhaite-t-on faire entièrement et que souhaite-t-on externaliser ?

Construire son BP

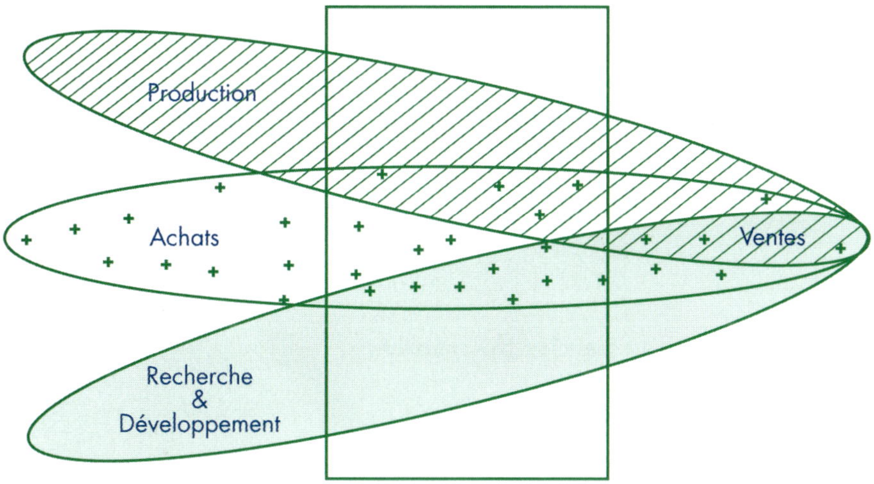

Gestion courante

Se fixer un périmètre

À partir de cette représentation schématique, le créateur décidera de son périmètre en ajoutant ou supprimant des activités. Pour démarrer dans de bonnes conditions, une jeune entreprise ne peut pas tout faire, aussi il est important de **se concentrer sur sa spécialité** ou ce qu'elle sait le mieux faire !

Les différents types de projet et leurs spécificités

Identifier les caractéristiques, les avantages et les précautions à prendre pour gagner du temps et éviter des désagréments est intéressant pour un créateur.

La variété des projets est grande. Après avoir montré comment faire émerger des idées et définir le périmètre du projet, le dossier abordera les **différents types de projet** suivants :

• les projets de services plus rapides à créer, en BtoB ou BtoC ou même BtoBtoC, où le personnel en contact est primordial ;

• les projets commerciaux, dans un point de vente ou sur Internet, où la localisation géographique et le site Internet demandent une attention particulière ;

• les projets high-tech (HT) créés en équipes demandent de gros budgets et un délai important pour la concrétisation de la recherche ;

• Les projets de production, lourds financièrement et longs à démarrer ;

• les projets e-business où la rapidité est une exigence, même si le business model évolue en permanence ;

• les projets artisanaux autour d'un savoir-faire et d'un diplôme le plus souvent.

Dossier

Les OUTILS

Outil 4 L'émergence des idées

Exercer sa créativité

Entraînez-vous avec ce petit exercice de créativité.

Comment relier les 9 points par 4 lignes droites, en ne passant qu'une seule fois par un point et sans relever le crayon ?

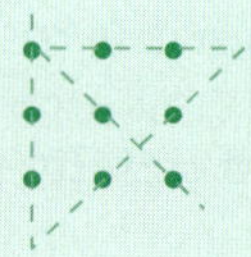

Réponse :
Le principe de base de toute réflexion créative est de penser "out of the box", c'est-à-dire de sortir des contraintes imposées ou que l'on s'impose soi-même. Par exemple ici, pour réaliser cet exercice, il suffit de sortir des points : aucune contrainte n'était imposée !

En résumé

Identifier « la bonne idée » n'est ni simple ni automatique ; une bonne idée en soi n'existe pas.

On peut dire qu'une idée est bonne quand elle correspond aux attentes d'une catégorie de clients à un moment donné. Les sources d'inspiration sont nombreuses. Des techniques existent pour trouver des idées, les trier et les améliorer afin qu'elles répondent aux attentes des clients ciblés.

Insight

Picking out a "good idea" is by no means easy. An idea can be said to be "good" when it corresponds to the needs of a certain category of clients at a given moment in time. Sources of inspiration abound. Techniques exist for finding ideas and selecting and improving them in order to adapt them to the needs of targeted clients.

Pourquoi l'utiliser ?

Objectif

Créer une entreprise revient à offrir des produits, services ou concepts qui apportent un avantage compétitif à une cible de clients par rapport aux offres existantes. Adopter une attitude créative permet d'apporter cet avantage. S'entraîner pour trouver des idées passe par des techniques d'observation et de créativité, à pratiquer seul ou en groupe. Ensuite le tri des idées et leur filtre sont essentiels pour qu'elles correspondent à un marché.

La curiosité est un excellent défaut pour créer une entreprise.

Contexte

Tout projet d'entreprise réussi part d'une idée. Une idée deviendra une occasion d'affaires si elle apporte quelque chose de « nouveau » ou de « différent » pour les clients visés. Une « bonne idée » est celle qui rencontre son marché. En général, les idées qu'on trouve « simples » ou « évidentes » a posteriori sont les meilleures !

Comment l'utiliser ?

Étapes

- **Trouver des idées**. Les sources d'inspiration sont nombreuses : l'observation (étonnement, curiosité), un manque dans sa vie quotidienne, le benchmark (étalonnage par rapport à une entreprise existante performante dans son domaine), une application nouvelle d'un produit ou service existant, son ancien emploi, un produit, service ou concept venant de l'étranger (et pas encore disponible dans le pays) ou une innovation technique. Pour accroître sa production d'idées, on peut recourir aux techniques de créativité comme les matrices de découverte, les techniques associatives, le brainstorming ou le mind mapping ou faire appel à un chercheur de tendances.
- **Évaluer ces idées**. Les trier en les évaluant, à partir de grilles pour retenir une seule idée. Ces grilles sont simples ou pondérées en fonction de l'importance que l'on souhaite donner à certains critères. Les critères fréquemment utilisés sont la faisabilité technique, l'accès au marché, la possibilité de protection, le niveau de concurrence et la rentabilité financière.
- **Améliorer l'idée retenue**. La retravailler pour qu'elle corresponde à l'attente des clients. « Pensez clients » est une obligation. Selon une enquête Ipsos, en février 2009, 70 % des Français estimaient que les produits qu'on leur propose sont trop sophistiqués et ne correspondent pas à leurs besoins.

Méthodologie et conseils

- Faire une veille nationale et internationale systématique pour suivre les nouvelles tendances (les *green businesses*, les services à la personne).
- « Flairer » les tendances dans la presse, les salons, les sites spécialisés, les magazines.
- Et ne pas rester sourd aux attentes de ses futurs clients, toujours garder la logique client.

Avantages

- ✔ Éviter la myopie : « mon idée est bonne ! » et confronter en permanence son idée à la réalité concurrentielle.
- ✔ Permet de cadrer son offre finale avec les attentes du marché.
- ✔ Utiliser les techniques de créativité aide à actualiser son offre.

Précautions à prendre

- ✔ Bien cadrer les objectifs de la créativité : amélioration d'un produit, rénovation d'une offre existante, transposition d'un concept étranger, choix d'un nom, etc.

• • •

Comment être plus efficace ?

Produire un grand nombre d'idées et de qualité est possible grâce notamment à **deux techniques** : l'une orale, le brainstorming et l'autre visuelle, le mind mapping.

Le brainstorming

Une séance de brainstorming peut s'avérer très utile pour ouvrir de nouvelles pistes, clarifier et préciser une idée de départ.

L'objectif de la séance est de susciter le maximum d'idées nouvelles et rechercher les combinaisons entre les idées émises.

Ce travail se réalise en groupe (de 5 à 7 personnes) et peut durer de 1 à 3 heures en fonction du sujet abordé, autour d'un animateur. Elle se déroule selon un **rituel recherché** :

- 1er temps : l'animateur présente la séance et rappelle l'objet de la réunion sans dévoiler les interrogations précises afin d'éviter tout biais. Il rappelle les modalités de réalisation de la séance (les principes de fonctionnement).
- 2e temps : « délire » d'idées (l'animateur veille à la répartition de la parole) :
  - incubation de l'idée à travailler suite à la présentation du thème de travail ;
  - illumination (période de grande production d'idées) ;
  - vérification (de la compréhension des idées et de leurs combinaisons possibles) ;
  - formulation des idées émises ;
- 3e temps : reformulation (l'animateur organise les débats) :
  - évaluation de chaque idée ;
  - discussion sur leur faisabilité et leur combinaison ;
  - sélection et abandon de certaines idées ;
  - hiérarchisation des idées (pour aboutir à trois idées maximum).

Pour atteindre un bon résultat, quelques **règles de fonctionnement** sont à respecter, parmi lesquelles :

- Toute critique est interdite ainsi que tout commentaire négatif.
- Aucune censure ou auto-censure.
- L'extravagance et l'exubérance sont recommandées.
- La quantité d'idées produites est primordiale.
- Les participants doivent systématiquement rechercher des améliorations et des combinaisons pour initier de nouvelles idées.
- L'animateur prend note des mots-clés, ce qui lui permet de relancer et de reformuler les avis. Il fera un rapport de synthèse. La séance peut être enregistrée.

Conseils :

- Le créateur peut être l'animateur à la condition de rester « neutre » par rapport à son projet d'entreprise, ce qui est très difficile !
- La composition du groupe entraînera la qualité de la séance.
- La capacité de l'animateur à mettre le groupe en confiance et à donner la parole à tous est essentielle.

Le mind mapping ou carte heuristique (« je découvre en chemin »)

Outils nécessaires :

- une grande feuille de papier ;
- des crayons de couleurs différentes.

Le mind mapping est une séance de créativité, réalisée en groupe (de 5 à 7 personnes), qui vise la représentation d'une hiérarchie temporaire d'un objet ou concept, sous forme d'arborescences.

L'objectif est de faire émerger un grand nombre d'idées pour ensuite les structurer. Chaque **branche** de l'**arborescence** est déclinée en **sous-branches**, qui correspondent à des idées en relation avec la branche précédente.

Exemple d'un **Mind mapping**

Projet de nouveau mode de transport

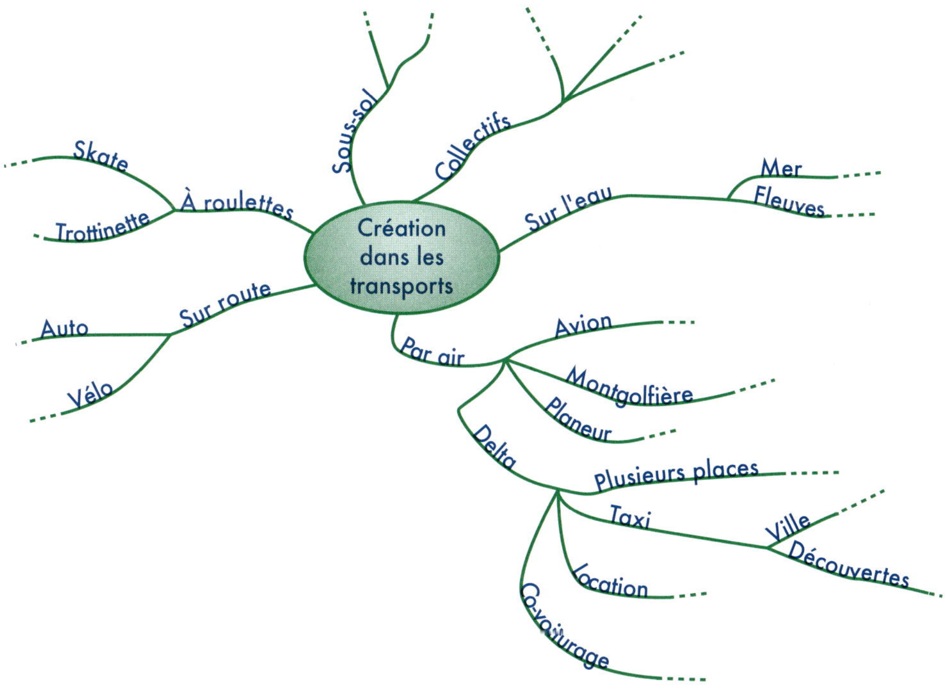

Sur une grande feuille de papier (ou un grand tableau), l'animateur inscrit le sujet dans une **bulle bien au centre** pour disposer de tout l'espace.

Chaque participant émet des idées, en relation plus ou moins étroite avec le sujet. À chaque idée émise, l'animateur inscrit cette idée sur une branche nouvelle (idée nouvelle) ou sur une sous-branche (idée en relation avec une idée déjà émise). L'animateur demande à la personne qui émet une idée si celle-ci est « isolée » ou « en relation » avec une autre idée.

On utilise **une couleur par branche principale** et toutes les sous-branches reliées.

Une fois les idées émises, l'animateur fait travailler le groupe à la caractérisation de chaque branche pour lui donner « **un nom** » ou **une signification**.

Au bout d'une heure ou deux, un **grand nombre d'idées sont émises** et, de manière visuelle, sont reliées entre elles. Le créateur peut ainsi décider de **concentrer son offre sur une seule branche** en fonction de son expérience ou de ses ambitions.

Au cours de cette séance, des idées ont été moins traitées (ou tacitement abandonnées, comme les transports publics, en sous-sol ou sur route). En revanche, les transports individuels par air ont été développés. La séance de créativité a débouché sur un nouveau principe de transports individuel dans les airs : un système de taxi-delta qui pourrait concerner soit les rendez-vous et être une sorte de navette en ville, soit un service de découvertes dans des zones touristiques. ■

Outil 5 Le périmètre du projet

Que vend-on ? À qui ?

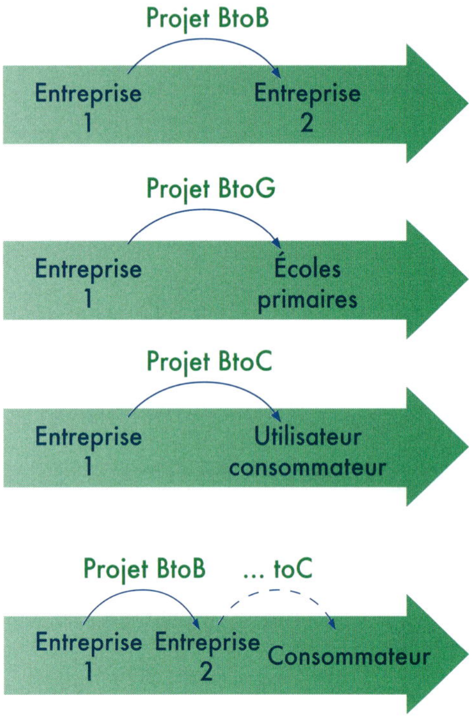

1 étude de marché à réaliser en BtoB
(ex. : nettoyage de linge pour les hôtels)

1 étude de marché à réaliser en BtoG
(ex. : nettoyage de linge pour les internats)

1 étude de marché à réaliser grand-public (BtoC)
(ex. : commerce de vêtements, livraison à domicile)

2 études de marché à réaliser :
- 1 en BtoC pour convaincre l'entreprise cliente qu'un marché existe
- 1 en BtoB classique

(ex. : applications de jeux pour mobiles destinés à un public final d'adolescents, mais vendus à des constructeurs de téléphones ou à des opérateurs de téléphonie)

En résumé

Délimiter précisément son projet vise à en définir le périmètre, c'est-à-dire son positionnement par rapport aux offres existantes et aux types de clientèle visée :

- des clients particuliers ou BtoC (Business to Consumer) ;
- des entreprises pour leur propre utilisation ou BtoB (Business to Business) ;
- des entreprises qui vendront ensuite à des particuliers BtoBtoC ;
- des institutions ou BtoG (Business to Government).

Insight

Defining a project involves the selection of precise parameters, or, in other words, positioning it vis-à-vis existing offers and the type of clientele targeted :

- *BtoC (Business to Consumer) ;*
- *BtoB (Business to Business) ;*
- *businesses which will then sell on to consumers (BtoBtoC) ;*
- *BtoG (Business to Government).*

Pourquoi l'utiliser ?

Objectif

Un même projet peut s'envisager pour des clients différents qui attendent des **avantages compétitifs** spécifiques. Par exemple les services à la personne peuvent se décliner en offre à domicile ou hors domicile, pour personnes seules ou en groupes, de différentes tranches d'âge, à mobilité totale ou réduite, etc. Une nouvelle entreprise doit choisir de ne viser qu'**un couple produit-marché** pour démarrer par manque de moyens, de temps et par souci de crédibilité.

Se concentrer sur une offre destinée à une cible précise (un couple-produit/marché).

Contexte

Un projet viable est un projet centré sur une activité précise qui apporte à une cible de clients une **valeur ajoutée**, c'est-à-dire un avantage compétitif décisif, défendable et durable.

Comment l'utiliser ?

Étapes

• **Définir son « périmètre d'activité »** commence par une phase de dessin ou d'écriture de la place souhaitée dans la chaîne d'activité du secteur. Cela se traduit par la définition du cœur de métier (core business) de l'entreprise (achat, production et vente à des distributeurs, achat et vente sans transformation sur Internet, etc.).

• **Identifier ses clients :** BtoB, BtoC, BtoBtoC ou BtoG et se centrer sur les avantages compétitifs à leur apporter.

Méthodologie et conseils

• Définir sa cible au démarrage et s'y concentrer, tout en pensant à l'élargir au fur et à mesure de l'exploitation de l'entreprise.

• Déterminer son périmètre permet de concevoir le contour et d'organiser l'étude de marché nécessaire à réaliser, pour ensuite définir le business model du projet :

– Si le projet est BtoB, BtoG ou BtoC, c'est-à-dire que le client final est le consommateur du produit ou service, une seule étude de marché sera à réaliser ;

– En revanche, dans le cadre d'un projet BtoBtoC, le client n'est pas le consommateur final. Deux études seront nécessaires et complémentaires. ■

Avantages

✔ Permet d'avoir les idées claires sur la nouvelle entreprise à bâtir, ce qui facilitera par la suite les différentes études marketing à réaliser.

✔ La communication sur le projet en sera facilitée auprès des futurs collaborateurs (employés, intervenants externes).

✔ Permet également de mettre les moyens pour atteindre la cible en déléguant/sous-traitant des activités annexes et de se concentrer sur le « cœur de métier ».

Précautions à prendre

✔ Ne pas simplement reproduire ce qui existe mais toujours rechercher des avantages compétitifs à offrir aux clients pour se différencier de la concurrence. En clair, garder une logique client en permanence !

✔ Pour démarrer, éviter le BtoG pour des raisons de délais de paiement importants qui créent des problèmes de trésorerie.

Outil 6 Les projets de services

Les caractéristiques des services

Intangibilité Le client se représente difficilement le service et sa qualité avant sa réalisation.
Hétérogénéité La qualité du service dépend de la relation entre le personnel en contact et le client.
Coproduction du service avec les clients
Pas de stockage possible
Proximité du client et accomplissement en temps réel
Pas de transfert de propriété Le client utilise mais ne devient pas propriétaire.

Services BtoB	Services BtoC	Services BtoBtoC
Agence d'incentives	Agence de voyages	Application vendue à un opérateur de téléphonie qui la revend à des utilisateurs
Services informatiques	Services informatiques	
Gardiennage	Services à la personne	
Sécurité	Entretien	

En résumé

Un projet de services consiste à conseiller, aider, faire des travaux, faciliter la vie ou sécuriser par exemple. Cela peut concerner les particuliers (BtoC), les entreprises (BtoB) ou les institutions (BtoG). Il vise à fournir à ces clients des services qui peuvent être technologiques ou non.

C'est une activité qui ne demande pas d'énormes capitaux pour démarrer. En revanche, elle est fondée sur les capacités ou diplômes du créateur (comptable, consultant, métiers paramédicaux).

L'approche marketing est importante pour assurer une bonne compréhension des attentes des clients et, au-delà du handicap de l'intangibilité des services, pour leur apporter la qualité du service souhaitée.

Insight

Service-based projects involve, amongst other things, providing consultancy and advice, carrying out building work, making life easier and offering security. Services can be offered to consumers (BtoC), enterprises (BtoB) or government bodies (BtoG). Such services may or may not be technological in nature.

Service-based projects do not require substantial amounts of start-up capital. On the other hand, the success of such projects depends on the qualifications and skills of the entrepreneur (accountancy, consultancy, paramedical professions).

The marketing approach is important in terms of establishing an understanding of the needs of clients, ensuring that clients understand the services in spite of their intangible nature, and providing the quality of service required.

Pourquoi l'utiliser ?

Objectif

Prendre conscience des particularités et des contraintes des projets dans les services.
Les services sont intangibles : la production du service est inséparable de la consommation et ne permet pas de stockage, la périssabilité, la participation du client à la production, la relation directe entre le client et le personnel en contact et l'hétérogénéité de la qualité du service. Le service ne donne pas lieu à un transfert de propriété.

Contexte

En 2009, 45 % des créations ont été dues à des activités de services, en augmentation de 87 % par rapport à 2008.
Les hausses les plus élevées sont de + 109 % pour l'activité de soutien aux entreprises, + 141 % pour l'information et la communication, et + 193 % pour les autres services aux ménages (arts, spectacles et services aux particuliers). Ces trois secteurs en très forte hausse représentent 39 % des créations de 2009, et 48 % des créations d'auto-entrepreneurs.

Soigner le personnel en contact et la qualité de la prestation.

Comment l'utiliser ?

Étapes

• **Identifier et évaluer ses propres capacités** dans le domaine visé (compétences et expérience).
• **Comprendre le secteur** précis dans lequel se lancer : la demande des clients, le niveau de concurrence et les prix pratiqués, les modalités de production du service (sous-traitance ou non) et les modalités de contrôle de la qualité,
• **Imaginer des idées de services** nouveaux ou améliorés à partir de son activité professionnelle, de manques dans la vie quotidienne ou en faisant une veille internationale et en « copiant » des services existants dans d'autres pays tout en les améliorant.
• **Identifier ses futurs clients** et leurs attentes : quel est le niveau d'innovation/d'amélioration attendu et la manière de les fidéliser.
• **Organiser l'entreprise** autour du contrôle qualité et du personnel en contact (les vendeurs).

Méthodologie et conseils

• Garder toujours à l'esprit qu'un service est intangible et donc crée une certaine appréhension chez les clients (achat d'un voyage, coiffeur). Le sérieux, la qualité, la ponctualité et l'amabilité sont des gages de réussite.
• Définir une large gamme de services avec des prix différents.
• Se positionner en offrant une meilleure qualité que les concurrents.
• Tester avant de commencer auprès de quelques premiers clients. Le statut d'auto-entrepreneur le permet. ■

Avantages

✔ On peut démarrer plus facilement seul et plus rapidement une entreprise de services avec peu de moyens (physiques et financiers).

✔ Les risques sont également limités. On peut même utiliser ses propres moyens (son domicile, son ordinateur).

✔ Rapidité de facturation et de paiement des clients.

✔ Certains services BtoC sont aidés par l'État *via* les chèques emploi services.

Précautions à prendre

✔ Proposer une offre qui se décline « à la carte » (plusieurs services et plusieurs prix) pour satisfaire tous les clients de la cible visée (exemple : les services de déménagement).

✔ Baisser les prix en offrant la même chose que les concurrents est très dangereux en terme d'image mais bien entendu sur le plan financier !

✔ Les coûts de main-d'œuvre sont souvent élevés.

Les projets de commerce

Étudier sa zone de chalandise

Ouverture, à 2 minutes du collège, d'une librairie-papeterie

En résumé

Un projet de commerce ne se limite pas forcément à l'ouverture d'un point de vente. Cela peut également correspondre à la vente sur Internet ou à la VPC (vente par correspondance), même si ce secteur est en baisse.

L'ouverture d'un commerce nécessite de lourds investissements. Le commerçant doit acheter ou louer un point vente, acheter au comptant le plus souvent la première marchandise. En revanche, si l'opération est une réussite, il vend au comptant des marchandises achetées à crédit.

Pour éviter ces inconvénients, la vente sur Internet est une solution.

Insight

Retail projects do not necessarily require points of sale. They can also be based on internet sales or sales by correspondence (even though this last sector is in decline).

Opening a retail site requires substantial investment. The retailer must buy or rent a point of sale and, in most cases, pay cash for initial stock. However, if the transaction is a success, he or she can sell stock bought on credit for cash.

Internet sales can provide a solution to such problems.

Pourquoi l'utiliser ?

Objectif

Prendre conscience des particularités et des contraintes des projets de commerce. Les facteurs clé de succès sur lesquels doivent se porter tous les efforts tiennent principalement à l'**emplacement**, au bon choix de la marchandise, à la qualité de la relation avec les fournisseurs (prix, qualité et délai) et au personnel. Le **personnel** est un élément essentiel car c'est lui qui est en contact avec les clients.

L'emplacement est la clé du succès dans une activité commerciale.

Contexte

En 2009, 37 % des créations étaient des activités de commerce (en augmentation de 71 % par rapport à 2008).
Un commerce gagne d'abord en fonction de son implantation géographique. Aussi, l'étude commerciale préalable doit être particulièrement soignée par rapport au lieu d'implantation car 2/3 des échecs sont dus à des ventes insuffisantes, donc à un manque de clientèle.

Comment l'utiliser ?

Étapes

- **Identifier et évaluer ses propres capacités** dans le domaine (compétences et expériences).
- **Déterminer son offre** et la différencier des offres concurrentes existantes. Les horaires d'ouverture peuvent constituer un avantage concurrentiel. Un bon approvisionnement est un gage de différenciation.
- **Trouver un bon emplacement**, adapté du point de vue de la réglementation au type de commerce visé :
  - Déterminer la zone de chalandise.
  - Préciser les éléments perturbateurs ou favorisants tels qu'une grande avenue circulante à traverser, un carrefour dangereux ou une ligne de chemin de fer.
  - Situer les concurrents sur cette zone.
  - Observer sur place les flux de clientèle sur plusieurs jours et à des heures différentes.
  - Évaluer le potentiel commercial de la zone.
- **Bien choisir son personnel** car l'accueil et le service sont déterminants.
- **Définir sa stratégie** en terme d'image et de communication ainsi que les prix pratiqués.
- **Organiser l'entreprise** autour des acheteurs et des vendeurs.

Méthodologie et conseils

- Se munir d'un plan de la ville et observer sur place les flux de trafic. Une étude papier n'est pas suffisante.
- Repérer les zones qui sont en cours d'aménagement ou qui vont l'être pour être le premier (zone piétonne nouvelle, nouveaux logements).
- Préférer un emplacement facile d'accès, bien visible et avec un parking si possible. ■

Avantages

✔ Si l'étude d'implantation est réaliste, la trésorerie sera positive dès les premiers jours, étant donné que les clients paient cash et que les fournisseurs octroient des délais de paiement (même minimes au départ).

Précautions à prendre

✔ Ne pas accepter des frais de structure énormes (pas-de-porte, loyer, fond de commerce).

✔ Adapter l'architecture et l'aménagement du point de vente aux produits et aux clients.

✔ Un excellent acheteur et négociateur de prix et délai est une clé de la réussite.

✔ Aménager le magasin et/ou le site internet en fonction du type de produits vendu et du positionnement souhaité (luxe, *low cost*).

Les projets high-tech

BP d'un projet high-tech

Projet hightech

- Executive Summary
- Historique du projet et des créateurs
- Expérience du/des créateurs
- Rôle de l'équipe
- Le projet
- Le business model
- La technologie et sa protection
- R&D
- Moyens de protection : le brevet
- Les moyens à mettre en œuvre
- Les éléments juridiques
- La structure du capital
- Le chiffrage du projet
- Les perspectives d'avenir

Annexes

En résumé

Un projet high-tech est un projet d'équipe qui repose sur des compétences techniques sérieuses et reconnues. Il commence par une idée qui nécessite de gros efforts en RD pour la première mise sur le marché. La technologie évoluant rapidement, l'entreprise devra ensuite consacrer de gros budgets à la RD pour, en permanence, améliorer les produits ou services existants ou innover pour en créer de nouveaux. La protection, la structure juridique et la répartition du capital sont particulièrement importantes.

Insight

High-tech projects are team projects based on serious, recognised skills. Such projects begin with an idea which requires substantial development in terms of R & D before it is brought to market. Since technology evolves rapidly, companies must continue to spend a good deal on R & D in order to permanently improve existing products and services or innovate to create new ones. Protection, the choice of legal structure and the division of capital are particularly vital in high-tech projects.

Pourquoi l'utiliser ?

Objectif

Prendre conscience des particularités et des contraintes des projets high-tech.
Créer une société de haute technologie vise à produire et mettre sur le marché des produits et des services qui répondent aux attentes des clients individuels BtoC mais aussi à des entreprises BtoB, en leur apportant un avantage compétitif décisif.

Contexte

Les projets high-tech (communication, téléphonie, sciences du vivant, biotechnologies, etc.) représentent une minorité de créations mais le plus souvent avec des emplois dès le démarrage. Ils sont en augmentation de 22 % au premier semestre 2010. Ces projets centrés sur la recherche et l'innovation sont l'objet d'une grande attention des pouvoirs publics. C'est un secteur où la copie est active, notamment venant de pays où la protection industrielle est faible.

Organiser le passage de chercheur à entrepreneur.

Comment l'utiliser ?

Étapes

• **Identifier et évaluer les capacités** de l'équipe dans le domaine visé. Un ingénieur ou un chercheur doivent absolument porter le projet.
• **Définir le produit ou service** de haute technologie et le procédé de fabrication.
• **Étudier l'acceptation de l'idée** du produit ou service nouveau par le marché (étude de marché).
• **Assurer la protection** le plus tôt possible, dans des zones géographiquement sensibles.
• **Rechercher** activement **les structures d'accueil** de projets innovants qui apportent une aide active : incubateurs, pépinières.
• **Se renseigner sur les aides** de l'État et des collectivités locales ainsi que sur le statut de Jeune Entreprise Innovante (JEI), sur le crédit impôt-recherche et les aides Oséo.

Méthodologie et conseils

• Lancer un projet high-tech peut prendre de longues années pour finaliser la recherche-développement, sans réaliser ni ventes ni bénéfice. Le projet doit être financé pendant cette période par une autre source que les ventes.
• Le business plan doit être très détaillé et documenté. Les preuves technologiques sont cruciales. Il prendra en compte plus d'années pour attendre le début de la rentabilité. ■

Avantages

✔ Susciter l'intérêt des investisseurs (business angels ou sociétés de capital-risque) qui doivent « trouver le projet attrayant », car les banquiers ne financent pas ce type de projet au démarrage. Ces derniers préféreront des projets qui arrivent à fonctionner avec les « moyens du bord » plutôt que ceux qui attendent tout des capitaux extérieurs.

✔ Les aides nationales et locales ne sont pas négligeables (incubateurs, État).

Précautions à prendre

✔ Se protéger par un brevet au niveau international (si possible).

✔ Ne jamais communiquer en public les détails du projet avant le lancement de l'entreprise.

✔ Ne pas oublier qu'une entreprise HT est aussi une entreprise, donc du personnel non technique est nécessaire. La technologie sans clients n'assure pas la pérennité de l'entreprise.

✔ La technologie évolue rapidement. Une partie des ressources dégagées par l'entreprise doit être consacrée à la RD.

Les projets de production

Caractéristiques d'un projet de production

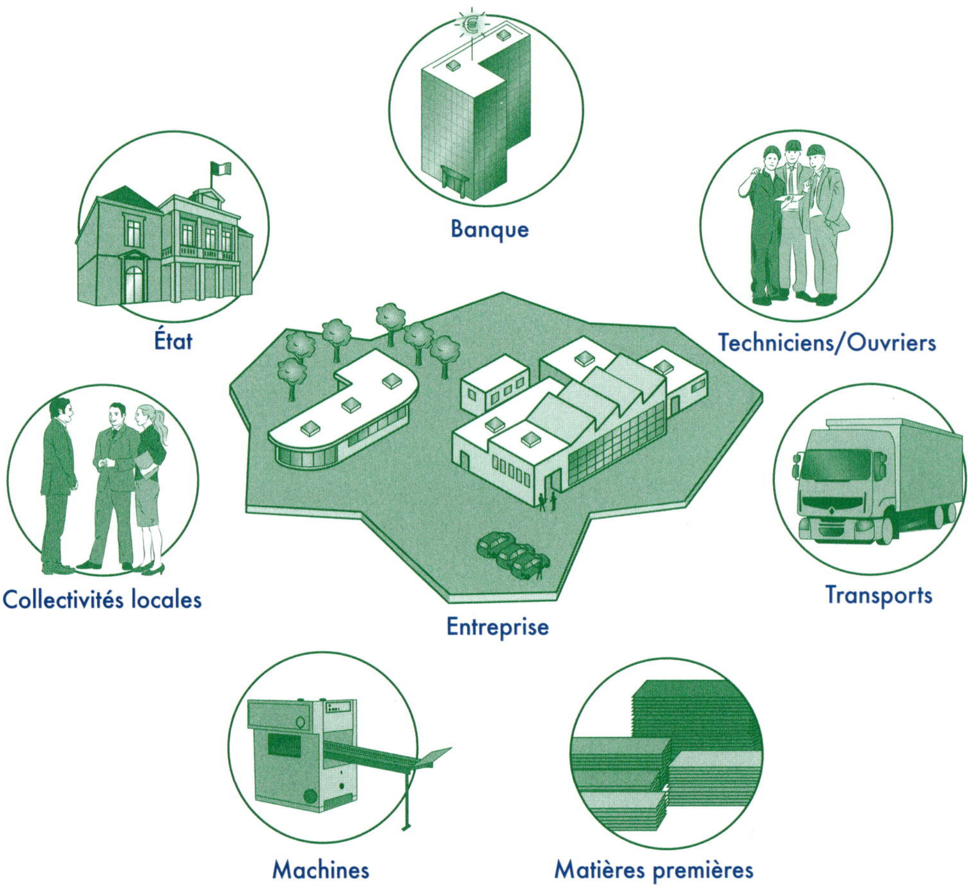

En résumé

Un projet de production est un projet qui demande un délai important entre l'idée et la réalisation en fonction du degré de technicité de la fabrication. Ce délai concerne l'achat ou la location des locaux, l'achat des machines et des matières premières, l'embauche et la formation du personnel mais aussi la distribution de produits finis. Pendant ce délai, le créateur doit financer la vie courante de l'entreprise car il n'y a aucune vente.

Insight

In manufacturing projects, the period of time between the initial idea and bringing the product to market depends on how technical the manufacturing process is. This period covers not only locating premises to rent or buy, purchasing machinery and raw materials, and hiring and training staff, but also distributing finished products. During that time, when no sales are being made, entrepreneurs must finance the day-to-day running of the company themselves.

Pourquoi l'utiliser ?

Objectif

Prendre conscience des particularités et des contraintes des projets de production. Un tel projet consiste à créer une société qui va produire et mettre sur le marché des produits qui répondent aux attentes des clients individuels BtoC mais aussi à des entreprises BtoB.

Il ne suffit pas de produire, il faut aussi s'organiser et vendre.

Contexte

L'industrie représente 5 % des créations en 2009, en augmentation de 100 % par rapport à 2008. Ce sont des projets financièrement lourds et longs à monter.

Méthodologie et conseils

• Les investissements de démarrage seront importants à financer ; diversifier les sources si possible.

• En revanche, ces investissements sont tangibles et les banques peuvent être sollicitées.

• La gestion des stocks est importante. Arbitrer la quantité optimale de stocks de matières premières pour assurer la production et de produits finis pour satisfaire la demande, sans toutefois immobiliser trop de capitaux. ■

Comment l'utiliser ?

Étapes

• **Identifier et évaluer ses propres capacités** dans le domaine (compétences et expériences).

• **Définir le produit** ou les produits et le procédé de fabrication. Vérifier que la solution production en propre est plus opportune que le recours à la sous-traitance (entière ou partielle).

• **Étudier l'acceptation de l'idée** du produit par le marché (étude de marché). Un prototype est recommandé à ce stade.

• **Adapter le produit** après les remontées des premiers clients potentiels.

• **Réfléchir à la stratégie de protection** (voir dossier 7, Protection).

• **Chercher des fournisseurs** de matières premières et de machines en prenant la précaution d'avoir plusieurs fournisseurs pour assurer la qualité et les prix d'achat.

• **Organiser l'entreprise** autour du back-office, de la vente et du service après-vente.

Avantages

✔ Ce type de projet suscite l'intérêt des banquiers (prêts garantis sur les immobilisations corporelles).

✔ Les collectivités locales apportent leur soutien à ces projets car elles ont le souci de l'emploi dans leur zone.

Précautions à prendre

✔ Les délais entre les achats de matières premières et la vente de produits finis sont longs. Il faut financer cette période.

✔ Chercher l'implantation du lieu de production en étudiant les aides locales et les moyens de transport (logistique) disponibles pour l'acheminement des matières premières et des produits finis.

✔ Trouver le personnel qualifié et le former avant le démarrage de la production.

✔ Ne pas oublier qu'une entreprise de production est une entreprise et qu'il faut des acheteurs, des vendeurs et un gestionnaire dans l'équipe.

Outil 10 Les projets de e-business

Projets dans le e-business

	Nouvelle activité			Extension d'activité
	Type	**Avantage**	**Client**	
Revenus issus de l'activité	Low cost Niches Comparateurs et intermédiaires	Prix Offre spécialisée Simplification de la vie	Final Final Commissions	Complément d'une activité commerciale préexistante
Revenus issus de la vente de l'entreprise	Contributifs et communautaires	Partage entre un grand nombre de membres	Publicité	

En résumé

Le e-business est une forme particulière de l'entreprise commerciale. La première différence réside dans la faiblesse des moyens mis en œuvre (pas de point de vente, peu de stocks), pour un accès à la clientèle sans frontières. La seconde différence tient au fait que le e-business est un business où la vitesse est le premier argument. On peut se créer très vite, tester son modèle économique très vite également mais rater sa cible tout aussi vite.

Il faut partir vite sans être certain de tous les choix. Le business model évoluera et se façonnera avec le temps.

Insight

An e-business is a specific form of retail company. The primary difference between e-businesses and other kinds of firm is that little initial capital is required (no points of sale, little in the way of stock) in order to access an international client base. The second difference is to be found in the fact that, for e-businesses, speed is of the essence. They can be set up very quickly and it does not take long to test the business model. However, it is just as easy to completely miss one's target. E-businesses must be set up quickly without necessarily knowing all the parameters. The business model will change over the course of time.

Pourquoi l'utiliser ?

Objectif

Prendre conscience des particularités et des contraintes des projets e-business ainsi que des caractéristiques des BP pour ces activités.

Contexte

Le secteur s'organise autour de la Fédération e-commerce et vente à distance (Fevad).

Les opportunités sont nombreuses et les Français plébiscitent les achats sur Internet. Le commerce en ligne représente un chiffre d'affaires de 32 milliards d'euros en 2010, contre 25 en 2009 (+ 31 %), 20 en 2008, 16 en 2007 et 8,7 en 2005.

Site internet et logistique doivent être irréprochables.

- **Organiser l'entreprise** autour des acheteurs et du back-office (informatique et logistique).
- **Se faire connaître** (référencer).

Méthodologie et conseils

- Dans le cadre de projets e-business de services, les diplômes et expériences du ou des créateurs rassurent les futurs clients.
- Un descriptif clair des produits et services ainsi que des photos aident le client dans son choix.
- Les projets de web 2.0 ne sont pas véritablement des projets d'entreprise car ils ne génèrent aucun chiffre d'affaires.
Les revenus seront (éventuellement) dégagés lors de la vente de l'entreprise. ■

Comment l'utiliser ?

Étapes

- **Identifier et évaluer ses propres capacités** dans le domaine (compétences et expériences).
- **Déterminer son offre** et la différencier des offres concurrentes existantes. Un bon approvisionnement est un gage de différenciation et une logistique efficace un gage de satisfaction de la clientèle.
- **Construire et maintenir un site internet**, de préférence multilangues.
- **Choisir l'hébergement** le plus fiable pour la région car le site doit travailler 24 heures sur 24.
- **Négocier avec la banque ou un tiers de confiance** (PayPal) un contrat qui assure un paiement sécurisé pour les clients et la nouvelle entreprise, à moindre coût.
- **Définir sa stratégie** en termes d'image et de communication et en termes de prix pratiqués et de service après-vente.

Avantages

- ✔ Le web permet de toucher un public précis qui visite des sites en rapport avec ses centres d'intérêt.
- ✔ Le temps pour atteindre ces clients dans le monde entier est immédiat.

Précautions à prendre

- ✔ Observer ce qui se pratique, notamment à l'étranger.
- ✔ Se mettre à la place des cyberconsommateurs qui changent vite d'habitudes et souhaitent des sites interactifs et faciles d'utilisation.
- ✔ Avoir un service informatique performant.
- ✔ Assurer un service de livraison fiable et rapide.
- ✔ Externaliser la logistique.

Les projets artisanaux

La réglementation des métiers de l'artisanat

Métiers de l'alimentation, du bâtiment, de fabrication et métiers de services	
La qualification professionnelle est réglementée par le décret n° 98-246 du 2 avril 1998 relatif à la qualification professionnelle exigée pour l'exercice des activités pris pour l'application de l'article 16 de la loi n° 96-603 du 5 juillet 1996 relative au développement et à la promotion du commerce et de l'artisanat.	
Entretien de véhicules et de machines, construction, entretien, réparation de bâtiments, mise en place, entretien et réparation des réseaux (électricité, fluides, gaz), ramonage, soins esthétiques à la personne, réalisation de prothèses dentaires, préparation ou préparation de produits frais de boulangerie, pâtisserie, boucherie, charcuterie et poissonnerie, glaces alimentaires artisanales.	Titulaire d'un diplôme ou titre homologué (CAP, BEP ou supérieur) ou justifier d'une expérience professionnelle de trois années en tant que dirigeant d'entreprise, travailleur indépendant ou salarié.
Les coiffeurs ont un statut particulier.	Chaque salon doit être sous le contrôle effectif et permanent d'une personne qualifiée titulaire du brevet professionnel ou du brevet de maîtrise de la coiffure ou d'un titre équivalent.
Taxis, petite et grande remise, armurerie, ambulance, contrôle technique automobile, déménagement, opticien-lunetier, thanatopracteur.	Ces activités sont soumises à la qualification préalable.
Statut	Les 3/4 des artisans choisissent le statut d'entreprise individuelle. La SARL est également très utilisée. D'autres statuts sont toutefois possibles : SA, coopérative artisanale, EURL et auto-entrepreneur.
Situation sociale de l'artisan	Il relève du régime social des travailleurs non-salariés (régime social des indépendants RSI).
Situation fiscale	Imposition au titre de l'impôt sur le revenu dans la catégorie des bénéfices industriels et commerciaux (BIC).

En résumé

Une entreprise est dite artisanale lorsqu'elle exerce une activité manuelle et économiquement indépendante de production, transformation, réparation ou de prestations de services, répertoriée dans la nomenclature d'activités du Répertoire des métiers. Les commerces proprement dits n'entrent pas dans le cadre des entreprises artisanales.

Ces activités sont exercées sur les marchés BtoB, BtoC ou BtoG. Le créateur peut obtenir la qualité d'artisan ou de maître-artisan sous certaines conditions de diplômes et de durée d'activité. Les artisans doivent enregistrer leur entreprise au Répertoire des métiers et ne pas employer plus de 10 salariés.

Insight

Enterprises are classified as artisanal when they exercise a manual, economically independent activity involving manufacturing, transformation, repair services or other services listed in the nomenclature of activities in the "Official Register of Handicrafts". Retail businesses properly so-called are not considered to be artisanal enterprises.

Such activities are exercised on BtoB, BtoC and BtoG markets. Entrepreneurs can become artisans or master-artisans by means of academic qualifications or work experience. Artisans must register their companies at the Registry of Trades and employ no more than 10 people.

Pourquoi l'utiliser ?

Objectif

Prendre conscience des particularités et des contraintes des projets artisanaux régis par la Chambre des métiers. Les titres d'artisans et de maître-artisan sont des labels de qualité reconnus par les clients.

La première entreprise de France avec 1 million d'entreprises.

Contexte

Un million d'entreprises artisanales sont inscrites (source : 2010). Pour faire partie du secteur des métiers, une entreprise ne doit pas compter plus de 10 salariés. Les apprentis ne sont pas pris en compte dans ce calcul.

Comment l'utiliser ?

Étapes

- **Vérifier** que l'activité exercée relève du répertoire des métiers.
- **La « qualification » artisanale** est réglementée par l'article 21-I de la loi n° 96-603 du 5 juillet 1996 relative au développement et à la promotion du commerce et de l'artisanat, le décret n° 98-247 du 2 avril 1998 relatif à la qualification artisanale et au répertoire des métiers et l'arrêté du 12 décembre 2003 fixant la liste des métiers de l'artisanat d'art.
  – La qualité d'**artisan** est reconnue aux personnes physiques qui justifient d'un certificat d'aptitude professionnelle, d'un brevet d'études professionnelles ou d'un titre homologué dans le métier exercé ou, à défaut, au bout de six années d'immatriculation dans le métier.
  – La qualité de **maître-artisan** est reconnue aux personnes physiques immatriculées au répertoire des métiers, titulaires du brevet de maîtrise dans le métier exercé ou un métier connexe, après 2 ans de pratique professionnelle.
  – La qualité d'**artisan d'art** est reconnue de droit aux personnes physiques qui exercent les métiers de l'artisanat d'art (liste fixée par l'arrêté du 12 décembre 2003) s'ils justifient soit d'un certificat d'aptitude professionnelle, d'un diplôme ou d'un titre de niveau équivalent ou supérieur délivré pour le métier considéré, soit d'une durée d'immatriculation au répertoire des métiers de six ans dans le métier d'artisanat d'art considéré.
  – La qualité de **maître-artisan en métier d'art** suit la même procédure que celle de maître-artisan.

Méthodologie et conseils

Certaines aides spécifiques existent (à Paris *via* l'association Paris Initiatives Entreprises). Il existe une possibilité de report des cotisations sociales personnelles de 1re année du créateur et d'échelonner le paiement des cotisations de 1re année sur 5 années maximum. ■

Avantages

✔ Les professionnels ont formé plusieurs syndicats pour défendre les intérêts des artisans (la CAPEB, Confédération de l'artisanat et des petites entreprises du bâtiment ; la CNAMS, Confédération nationale de l'artisanat, des métiers et des services ; la CGAD, Confédération générale de l'alimentation en détail).

✔ L'apprentissage est un contrat de travail qui assure une formation en alternance au sein d'une entreprise artisanale sous la responsabilité d'un maître d'apprentissage et en Centre de formation d'apprentis (CFA).

Précautions à prendre

✔ Les professions artisanales sont très réglementées, bien se renseigner sur les modalités en vigueur.

Le marché

Troisième étape de la construction du business plan, l'étude de marché est un passage obligé pour tout créateur. C'est une aide à la décision.

Cette étude permet :
• de mieux connaître les grandes tendances du marché ;
• de repérer la concurrence et les principaux acteurs du secteur mais aussi d'analyser les stratégies des principaux concurrents ;
• de choisir son futur positionnement ;
• de vérifier l'opportunité de se lancer avec des avantages concurrentiels réels par une étude terrain auprès des futurs clients ;
• de calculer le chiffre d'affaires prévisionnel et ses caractéristiques.

Une aide à la décision

Réaliser une étude de son marché est un gage de succès car elle limite les risques et permet de prendre des décisions quant au lancement. Avant de posséder des informations fiables et suffisantes, il est impensable de décider d'un assortiment de produits à vendre, du niveau de prix, de la localisation géographique ou de moyens de communication.
L'étude de marché est donc tout à fait indispensable à la poursuite du business plan. Aussi, si l'étude de marché n'est pas réalisée ou mal réalisée (absence d'étude auprès des futurs clients, ce qui est malheureusement fréquent !), le projet aura de grosses difficultés à atteindre des objectifs de ventes, calculés par ailleurs de manière douteuse. Et les partenaires exté-

rieurs ne s'intéresseront pas au projet qu'ils considéreront alors comme construit avec légèreté.
L'étude du marché n'est pas forcément un gros travail qui rebute mais sa réussite repose sur quelques principes et méthodes et sur du **bon sens**. Le paradoxe avec l'étude de marché est qu'elle doit être la plus **complète** possible mais **réalisée en un minimum de temps** pour être d'actualité.
À propos de méthode, les étapes de l'étude doivent être réalisées dans un certain ordre qui permet une découverte systématique et cohérente du marché.

Les étapes d'une étude de marché réussie

- Faire une étude documentaire sur le marché et les concurrents.
- Étudier le marché actuel, ses grandes tendances, ses facteurs clés de succès ainsi que les évolutions attendues pour connaître les grandes tendances et les modalités de fonctionnement du marché.
- Faire un premier choix en imaginant son futur positionnement « a priori » en termes de couple produit-marché et son niveau de qualité par rapport à l'offre concurrente.
- Réaliser une étude terrain auprès des experts et des futurs clients pour vérifier l'opportunité de ce positionnement.
- Quantifier la demande prévisionnelle de la nouvelle entreprise en calculant son chiffre d'affaires (CA) prévisionnel. Ce CA sera calculé en faisant plusieurs scénarios selon les parts de marché estimées. Le calcul du CA tiendra compte de la saisonnalité des ventes et des modalités de paiement des clients (délais), ce qui sera important pour la trésorerie. Le chiffre d'affaires est le pivot entre l'étude de marché et la traduction financière du projet.

Cette étude de marché est capitale dans le BP car elle permet, en conclusion, de définir le business model du projet ou son modèle économique. Et ce business model est lui-même au centre du business plan.

Une étude de marché proche du terrain

Sa réalisation doit donc être soignée et respecter quelques principes pour être tout à fait fiable. Les données collectées doivent être vérifiées (principe de sécurité) et actualisées (principe de réalisme). Le niveau macro-économique (données sectorielles, informations nationales, etc.) est à mettre en cohérence avec le niveau micro-économique (données locales, enquêtes clients, avis des experts). Enfin, le **principe de prudence** s'applique pour rester proche du terrain et de la réalité.

Les OUTILS

Outil 12 L'étude du marché

L'étude documentaire marché

Élément	Caractéristiques
Le marché	Taille, taux de croissance, barrières à l'entrée, rentabilité moyenne, évolution, etc.
La demande	Nature de la clientèle, motivations d'achat, panier moyen, circuit de décision, fréquence d'achat/renouvellement, etc.
Le niveau technologique	Type de technologie dominante, évolutions, délai de mise sur le marché, coût de RD, protection, etc.
Les fournisseurs	Nombre, CA, pouvoir de négociation, qualité fournie, prix, délai, innovations, etc.
Les distributeurs	Nombre, mode de distribution, taille, CA, prix, service, etc.
Les produits de substitution	Types, CA, prix, délai, innovations, etc.
La réglementation	Lois, normes, réglementations européennes, menaces futures, poids des groupes professionnels, etc.

En résumé

L'étude documentaire, premier stade de l'étude de marché, est une démarche structurée qui étudie l'environnement, le marché et la demande actuelle des clients, la distribution, la technologie, les fournisseurs et tout aspect particulier de ce marché. Sa synthèse permettra de visualiser le panorama du marché pour ensuite effectuer les premiers choix stratégiques de conquête du premier (ou des premiers) couple produit-marché.

Insight

The documentary study, the first stage of the market study, is a structured approach to analysing the environment, current client demand, distribution, technology, suppliers and all specific aspects of the market. The documentary study will provide an overview of the market on which initial strategic choices concerning product-market couples can be based.

Pourquoi l'utiliser ?

Objectif

Réaliser une **photographie du marché** au sens large. Comprendre l'environnement dans lequel on veut créer ainsi que les principaux acteurs et les règles du jeu. Étudier le marché actuel, ses grandes tendances, ses facteurs clé de succès et repérer les principaux éléments concernant l'avenir.

Contexte

Quelle que soit la connaissance antérieure du marché dont on dispose, une étude de marché doit être réalisée avec méthode. Ses résultats doivent être les plus actualisés possibles. Les sources d'information sont à la fois macroéconomiques (sur le secteur ou l'activité considéré) et microéconomiques (informations locales et précises).

Ouvrir l'œil pour mieux comprendre le marché actuel et son devenir.

Comment l'utiliser ?

Étapes

- **Comprendre l'environnement** dans lequel se situe le projet qu'il soit réglementaire (rôle des pouvoirs publics nationaux et européens, existence de groupes de pression), technologique ou économique.
- **Identifier les grandes tendances du marché visé** : sa taille (en volume ou en valeur), sa situation (en développement, stagnation ou déclin), ses principales caractéristiques,
- **Analyser la demande actuelle** des clients qui se servent chez les concurrents : qui sont ils (âge, sexe, comportement et fréquence d'achat en BtoC et taille des entreprises, secteur d'activité, localisation géographique en BtoB) et combien sont-ils ? Quelle est leur fréquence d'achat et de renouvellement ? Quel rythme d'innovation souhaitent-ils ? Où achètent-ils ? Que recherchent-ils ? Et que rechercheront-ils dans les 3 ans à venir ?
- **Réaliser une synthèse** des principaux éléments : cette synthèse fera partie du document BP. Tous les autres documents qui apportent des « preuves » (rapport d'experts, sondages effectués auprès des organismes professionnels, etc.) pourront servir d'annexes au BP.

Méthodologie et conseils

- Pendant toute cette étape, avoir l'obsession clients, c'est eux qui sont la clé du succès.

ODIL, outil d'aide au diagnostic d'implantation locale, conçu par l'Insee permet de caractériser l'activité économique sur une zone géographique déterminée : http://creation-entreprise.insee.fr.

- Faire soi-même ou faire faire cette étude est un choix. Plus le créateur s'implique dès le début, plus il maîtrisera son projet. Utiliser des sources gratuites sûres (ex. : étude Kpmg annuelle sur l'hôtellerie-restauration, disponible sur leur site). ■

Avantages

✔ Gagner du temps et de la finesse d'analyse avant de se lancer. Bien comprendre les rouages du secteur pour les utiliser dans le cadre de sa future activité.

Précautions à prendre

✔ Plus on avance dans l'étude documentaire et plus on trouve de pistes possibles de business. Savoir se limiter et arrêter les recherches est un principe fondamental, sans quoi on peut toujours rester à cette étape.

✔ Vérifier ses sources d'information (notamment gratuites sur Internet). Se fonder uniquement sur des sources fiables (malheureusement quelquefois payantes).

Outil 13 L'étude de la concurrence

Concurrence directe et indirecte

Éléments	Caractéristiques
Concurrents directs	Nombre, CA, part de marché, localisation géographique, ancienneté, taux de croissance, prix, qualité, innovation, forces/faiblesses, moyens financiers, agressivité commerciale, moyens mis en œuvre (techniques, commerciaux, avantages concurrentiels, etc.).
Concurrents indirects	Nombre, CA, part de marché, avantage concurrentiel, ancienneté, taux de croissance, modes de fonctionnement dans leur secteur, prix, qualité, innovation, forces/faiblesses, moyens financiers, agressivité commerciale, moyens mis en œuvre (techniques, commerciaux...).
Dossier sur les concurrents les plus importants	Benchmark : comparaison et étalonnage pour débusquer des nouvelles pratiques ou idées intéressantes à mettre en œuvre par la suite (délai de livraison, innovation, satisfaction client, etc.).

En résumé

L'étude de la concurrence, second stade de l'étude de marché, est une démarche structurée qui vise à identifier les concurrents directs (ceux qui proposent la même offre) et les concurrents indirects (ceux qui proposent une offre qui apporte une satisfaction similaire aux clients) et les causes de leur réussite ou de leurs difficultés. Cette photographie de la concurrence permettra ensuite de choisir son positionnement.

Insight

The study of the competition, the second stage of the market study, is a structured approach designed to identify direct competitors (who provide the same offer) and indirect competitors (who propose an offer providing similar satisfaction to clients) and the causes of their successes and failures. This photograph of the competition at a given moment in time enables entrepreneurs to position their companies on the market.

Pourquoi l'utiliser ?

Objectif

L'étude de la concurrence vise à repérer le niveau de concurrence globale (directe et indirecte) et analyser la stratégie des principaux concurrents. Des données récoltées à ce niveau serviront pour le calcul du chiffre d'affaires prévisionnel puis à se positionner par rapport aux concurrents directs pour apporter aux clients des avantages compétitifs, en évitant d'affronter directement la concurrence.

Contexte

Quelle que soit la connaissance antérieure de l'état de la concurrence, cette phase de l'étude requiert une minutie particulière. D'ailleurs, les partenaires extérieurs du projet étudieront avec beaucoup d'attention cette partie sur la concurrence. Elle doit **apporter des preuves** qu'il existe de la place pour la future entreprise au milieu de ceux qui existent déjà.
Les sources d'informations sont nombreuses, comme par exemple les rapports annuels, les brochures, les publicités parues dans la presse et les articles de presse, les fiches, les analyses sectorielles ou les commentaires sur des blogs connus.

Comment l'utiliser ?

Étapes

- **Repérer les concurrents directs**.
- **Rechercher des informations** sur les principaux d'entre eux.
- **Identifier les concurrents indirects** au niveau mondial si possible et collecter le plus d'informations sur les principaux.
- **Établir un grand tableau** avec toutes ces informations pour en dégager une première synthèse sur les chances de réussite a priori de la nouvelle entreprise.
- **Étudier une comparaison** (benchmark) sur quelques concurrents pour mieux comprendre leur mode de fonctionnement et s'en inspirer.

Connaître ses ennemis est déjà un début de victoire.

Méthodologie et conseils

- Une présentation graphique des concurrents directs sous la forme d'une carte stratégique est un « plus » dans le document BP. Une carte stratégique se bâtit selon deux axes qui peuvent être la gamme et le niveau technologique ou la gamme et les prix.
- Pour améliorer son offre future, il est intéressant de faire appel à la technique du benchmark qui revient à s'étalonner pour chercher à être le meilleur. Sélectionner une entreprise réputée excellente pour une de ses pratiques (la logistique, le service après-vente) et chercher à en comprendre toutes les ficelles. Prendre comme étalon une entreprise d'un secteur différent est excellent. ■

Avantages

- ✔ Permet de repérer et de différencier les concurrents directs et indirects.
- ✔ Oblige à offrir des avantages compétitifs différents ou plus importants aux clients que ceux des concurrents.

Précautions à prendre

- ✔ Ne pas sous-estimer la concurrence, elle peut réagir très vite face à un nouvel entrant.
- ✔ Ne jamais imaginer qu'il n'existe pas de concurrence indirecte (sauf pour quelques projets de haute technologie) quelque part dans le monde. Les partenaires extérieurs auront de gros doutes sur le sérieux du projet dans ce cas !
- ✔ Vérifier ses sources d'informations. N'utiliser que des sources fiables. Ne pas se fier aux rumeurs.

Le premier positionnement

Outils de positionnement

Marchés / Produits ou services	BtoC Petits budgets (1)	BtoC Séniors (2)	BtoB Incentive (3)	BtoB Groupes (4)	…
A = Vols secs					
B = A + Hôtel					
C = B + Attractions					
…					

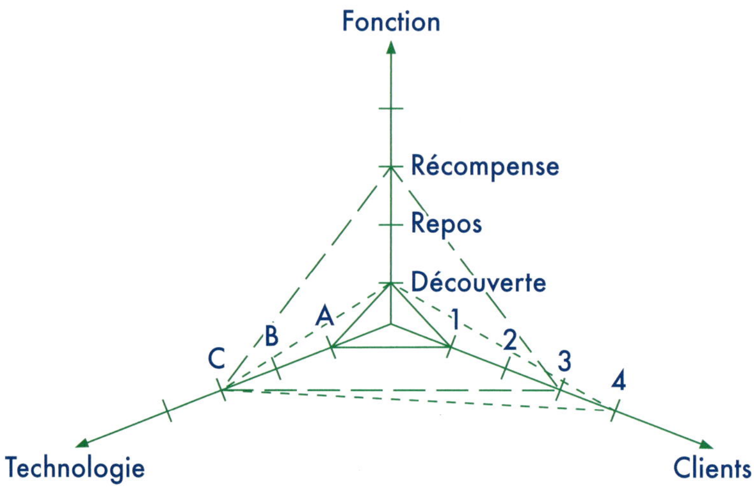

En résumé

Le premier positionnement est le choix initial fait par la nouvelle entreprise pour offrir des avantages concurrentiels à sa future clientèle tout en se situant par rapport aux concurrents. La visualisation de ce positionnement peut se faire par un tableau à double entrée qui identifie les couples produits-marchés ou par un schéma à trois dimensions qui prend en compte la fonction, la technologie et la clientèle visée.

Insight

Initial positioning is the first decision made by the new company with a view to providing its future clientele with competitive advantages while at the same time situating itself vis-a-vis its rivals. A double-entry table identifying product-market couples or a three-dimensional schema taking into account the function, technology and targeted clientele can help entrepreneurs visualise their approach to positioning their companies.

Pourquoi l'utiliser ?

Objectif

Choisir son premier positionnement en termes de couple produit-marché qui devra être validé par les experts et les clients lors de l'étude terrain. Garder toujours l'obsession clients permet de leur offrir les avantages compétitifs qu'ils désirent par rapport à ceux offerts par les concurrents existants.

Contexte

Troisième phase de l'étude de marché, cette étape permet, après avoir récolté des informations sur l'environnement, le marché et la concurrence, d'établir une synthèse pour faire les premiers choix. Ces choix seront confrontés avec l'avis des experts et des futurs clients pour devenir définitifs dans le business model de la nouvelle entreprise.

Se positionner en fonction de ce que l'on veut et sait faire et de l'offre des concurrents.

Comment l'utiliser ?

Étapes

• Partir des deux synthèses réalisées de l'étude documentaire (marché et concurrence).

• Définir ce qu'on sait faire et ce qu'on veut faire grâce à l'un des outils de positionnement choisi. Une fois le tableau rempli ou le schéma dessiné avec les offres des concurrents, réfléchir aux chances de succès de la nouvelle entreprise dans cet espace concurrentiel (avantages et inconvénients du projet). Un CPM (couple produit/marché) déjà occupé par plusieurs concurrents ne signifie pas automatiquement que l'on doit s'en détourner. Un avantage compétitif nouveau peut faire la différence. À l'inverse, un CPM sans concurrents est *a priori* suspect.

• La définition de ce premier positionnement est importante en termes de conséquences quant à l'étude terrain qui va suivre. Bien viser du premier coup fait gagner du temps.

• Déterminer son premier positionnement *a priori* : quoi vendre ? à qui (cibles) ? combien ? quand ? où ? comment ? avec quelles conditions de paiement ? comment se différencier ?

Méthodologie et conseils

• L'étude de marché se réalise en « entonnoir » et se centre au fur et à mesure. À ce stade, on est au niveau de la première décision.

• Au départ, viser un seul couple-marché est raisonnable pour des raisons de moyens, de temps et de légitimité. ■

Avantages

✔ Aide à visualiser exactement quelle sera l'activité (*core business*) de la nouvelle entreprise.

✔ Communiquer autour de ce positionnement pour présenter le projet.

Précautions à prendre

✔ La définition du premier couple produit-marché est la première décision essentielle dans le processus de création.

✔ Tout en démarrant avec un seul couple produit-marché, envisager les développements futurs est impératif. Ils se retrouveront d'ailleurs dans la partie « Perspectives d'avenir » du document BP.

Outil 15 L'étude terrain

Qualitatif ou quantitatif ?

Méthode d'étude	Qualitatif	Quantitatif
Objectifs	Recueillir les avis des experts et des futurs clients pour les quantifier.	Vérifier et quantifier ces avis.
Cible	Petit nombre d'individus (30).	Échantillon d'individus (aléatoire ou quotas).
Contact	Face à face. Par téléphone.	Face à face. Sondage par internet.
Support	Guide d'entretien semi-directif.	Questionnaire.
Questions	Ouvertes, semi-ouvertes.	Fermées et à choix multiples.
Traitement	Qualitatif (puis chiffrage).	Quantitatif.

Deux modalités d'étude complémentaires

En résumé

L'étude terrain est la rencontre avec des experts et les futurs clients identifiés précédemment qui permet de valider l'acceptation du projet tel que présenté dans le positionnement a priori. L'étude utilise des techniques qualitatives d'entretien ou quantitatives par sondage. La réponse des clients permettra de finaliser les choix stratégiques de l'entreprise en termes de couple produit-marché, de prix, de distribution. L'étude terrain vise également à recueillir l'avis des experts, toujours essentiel à ce niveau de la construction.

Insight

The field study involves a meeting with experts and previously identified potential clients which makes it possible to validate the positioning of the project. The field study uses qualitative interview techniques and quantitative polling techniques. The answers provided by clients help entrepreneurs to define strategic choices in terms of product-market couples, pricing and distribution. Fields studies are also used to gather the advice of experts, which is vital at this stage of the development of a firm.

Pourquoi l'utiliser ?

Objectif

Confronter et vérifier l'acceptation du positionnement a priori auprès des futurs clients pour vérifier qu'il existe bien une demande pour ces produits ou services et d'autre part pour estimer le CA prévisionnel. Des données récoltées à ce niveau serviront pour le calculer. L'avis des experts servira également à calculer le CA prévisionnel.

Contexte

Quatrième phase de l'étude de marché, l'étude terrain est capitale pour la suite du projet. Le résultat ouvre trois possibilités : 1. Les clients acceptent totalement l'idée et le projet continue à se construire, 2. Les clients acceptent avec certaines demandes additives ou modificatives qui obligeront à retravailler le positionnement *a priori* (et peut-être à le re-tester), 3. Les clients ne l'acceptent pas et il est souhaitable d'abandonner le projet (au moins momentanément).

Un expert est une personne impliquée et active dans le secteur d'activité considéré.

Comment l'utiliser ?

Étapes

- **Décider du type d'étude à mener**. Des entretiens sont indispensables pour recueillir l'avis des clients et leurs réactions par rapport au produit ou service qu'on se prépare à leur offrir. Ensuite, il peut être intéressant de vérifier ces dires auprès d'une population plus importante par un sondage.
- **Définir le type de population à interroger**. Trente personnes clientes bien ciblées suffisent pour des entretiens ainsi qu'une dizaine d'experts.
- **Rédiger un guide d'entretien** et/ou **un questionnaire** pour le sondage.
- **Interroger des experts** avec un guide d'entretien différent pour valider certains points (emplacement, part de marché réalisable la première année, niveau de prix acceptable).
- **Réaliser des entretiens** auprès de la cible visée pour comprendre puis quantifier leurs attentes par rapport au projet.
- **Vérifier éventuellement les résultats** obtenus auprès des futurs clients **par un sondage**.
- **Trier les réponses** et faire une synthèse en terme de faisabilité.

Méthodologie et conseils

- Les résultats de l'étude figureront dans le dossier BP ainsi que la méthodologie d'étude (moyens, dates, lieux, type d'étude utilisé). Le dossier complet pourra être annexé.
- Bien choisir les experts à interroger.
- Remarque : les études qualitatives et quantitatives ont une durée de vie courte (!) de quelques semaines en général.

Avantages

- ✔ Connaître rapidement l'avis et les demandes supplémentaires des futurs clients.
- ✔ Modifier la cible visée.
- ✔ Améliorer l'offre et le positionnement *a priori* envisagé.

Précautions à prendre

- ✔ Les entretiens avec les futurs clients sont un passage obligé à ce niveau. Eux seuls ont LA réponse quant à la faisabilité du projet.
- ✔ Ne pas sous-estimer cette étude auprès des clients sous prétexte que le marché est très large et donc qu'il y a de la place pour de nombreux acteurs.
- ✔ Une technologie, même innovante, n'est pas forcément un gage de succès auprès des clients.
- ✔ Interroger des personnes faisant partie de la cible visée.
- ✔ Présenter les résultats avec des graphiques et des tableaux pour faciliter la lecture.

• • •

Comment être plus efficace ?

Guide d'entretien

Interview individuelle ou collective (par groupes de 7 à 9 personnes) des experts et de la population cible pour récolter ses avis et comprendre ses modes de fonctionnement.

- Objectif : comprendre le fonctionnement de la population cible et ses attentes en s'adressant aux experts puis aux futurs clients.
- Écrire un guide d'entretien (trame de questions ouvertes et semi-ouvertes utilisée lors des entretiens individuels), un pour les experts et un pour les clients.
- Prévoir des questions de relance.
- Interroger par vagues de 30 : 5 experts et 25 futurs clients.
- Avoir une attitude de neutralité bienveillante lors des entretiens.
- Faire une synthèse des points marquants après chaque entretien.
- Faire une synthèse globale « experts » et « clients » à la fin des entretiens ; celle-ci figurera dans le BP.

Sondage

Étude d'une partie de la population représentative de la population cible.

- Objectif : quantifier les réponses des futurs clients. Le questionnaire n'est pas indispensable si l'étude documentaire et les entretiens sont très riches et permettent de chiffrer et de calculer le chiffre d'affaires prévisionnel.
- Écrire un questionnaire : liste de questions permettant d'interroger de manière individuelle et standardisée la population définie.

Attention à la formulation des questions : courtes, claires, fermées (oui/non). Les questions à choix multiples (1 fois par semaine, entre 2 et 3 fois, etc.) doivent être exprimées très clairement.

Le questionnaire ne doit pas être trop long. Il doit être séquencé avec un intérêt croissant.

Un texte introductif est nécessaire pour expliquer le thème et la finalité du questionnaire.

- Effectuer le sondage de visu ou par téléphone.
- Analyser le sondage (à la main ou avec l'aide d'un logiciel si le nombre de personnes interrogées est élevé).

L'enquête en ligne

Manière nouvelle et rapide de réaliser un sondage.

Les sondages par Internet sont très faciles à utiliser et permettent de vérifier une idée, un concept très rapidement auprès d'un grand nombre de personnes, avant de se lancer véritablement dans l'étude proprement dite.

- Avantages : simplicité, économie, rapidité (2 semaines en moyenne) et interactivité possible.
- Inconvénients : centrée sur les enquêtes quantitatives (les questions ouvertes sont ensuite difficiles à traiter) et ne concerne qu'une population d'internautes.

L'ergonomie du questionnaire est importante et conditionne le nombre de réponses : le questionnaire doit être plus court pour ne pas perdre les internautes en cours d'enquête.

Les plus connus sont www.surveymonkey.com (gratuit) ou www.netootel.net (payant).

Exemple de **Conduite d'un entretien**

La conduite d'un entretien
1. Présentation de l'enquêteur et prise de contact Objet Évoquer le sujet de manière assez large sans en dévoiler la finalité et le contenu exacts.
2. Les questions introductives Objet Démarrer la conversation par des idées simples et gagner la sympathie de l'interviewé. Il s'agit d'une phase de découverte avec des questions ouvertes qui appellent des réponses positives.
3. Les questions qualifiantes Objet Déterminer si la personne possède l'information et l'orienter avec des questions d'aiguillage.
4. Les questions de mise en route Objet Amener progressivement le répondant vers le thème précis de l'enquête menée ; questions ouvertes plus complexes et centrées sur le sujet.
5. Les questions spécifiques Objet Aborder avec la personne interrogée l'information recherchée dans l'étude. Il s'agit en fait de la phase de reformulation et d'approfondissement des échanges avec des questions plus centrées pour cerner les opinions.
6. Reformulation et synthèse Objet Construire avec la personne interviewée une synthèse avec laquelle elle sera d'accord et qui dégagera les points essentiels utiles pour le projet ainsi que des propositions. Reformulation-reflet consiste à reprendre l'idée telle qu'elle vient d'être émise. Reformulation-résumé consiste pour l'intervieweur à reprendre les éléments qui lui paraissent importants dans le discours de la personne interrogée. Reformulation-clarification consiste à renvoyer à l'interviewé ce qu'il a dit.
7. L'identification du répondant Objet Connaître ses caractéristiques sociodémographiques, critères qui serviront de variables de segmentation.
Adapté de J.-L. Gianelloni, E. Vernette, *Études de marché*, Vuibert, 1994

Les questions spécifiques, qui sont le cœur de l'entretien, peuvent suivre le cheminement suivant :

1. Question de mise en situation : « La dernière fois… ».

2. Question de rêve : « Si vous pouviez imaginer… ».

3. Question de retour à la réalité : « À quel prix ? À quelle fréquence ? ». ■

Outil 16 Le calcul du CA prévisionnel

Deux méthodes de calcul

Calcul descendant	
BtoB (ou BtoG) Marché total × % lieu × % taille des entreprises visées × % secteurs choisis × % entreprises intéressées = Marché réel potentiel × % part de marché estimée × prix proposé = CA prévisionnel	**Projet : vente à des PME franciliennes un nouveau matériel de reproduction écologique** • Chiffres importants issus de l'étude documentaire et de l'étude terrain : nombre de PME, les secteurs intéressés, la région Île-de-France. • % d'entreprises intéressées issu de l'étude terrain. • Part de marché estimée issue des réactions des experts.
BtoC Marché total × % lieu × % enfants au foyer × % CSP visées × % en maison... × % personnes intéressées = Marché réel potentiel × % part de marché estimée × prix proposé = CA prévisionnel	**Projet : vente d'un nouveau concept de piscines** • Chiffres importants issus de l'étude documentaire et étude terrain : zone géographique Sud de la France, nombre d'enfants au foyer : 3 minimum, revenus CSP +, habiter dans une maison. • % de clients intéressés issu de l'étude terrain. • Part de marché estimée issue des réactions des experts.
Calcul ascendant	
• Dans certaines professions où les mètres carrés sont limités (restaurants, cinéma...), où la main-d'œuvre est limitée (consultant), on part également du terrain. • Ex : consultant seul : nombre de jours travaillés × % de jours facturés × prix de la journée = CA prévisionnel.	

En résumé

Le calcul du chiffre d'affaires prévisionnel revient à estimer les ventes pour la première année. Ce CA prévisionnel sera ensuite actualisé pour prendre en compte les trois premières années d'exploitation de l'entreprise. Pour chaque année, trois scénarios seront calculés :

- un scénario bas (correspondant au cœur de cible à court terme) ;
- un scénario réaliste (correspondant à la cible immédiate) ;
- et un scénario optimiste (prenant déjà en compte la cible élargie des années futures).

Seul le scénario réaliste sera pris en compte ensuite pour l'ensemble des calculs financiers. Sont importantes également la saisonnalité des ventes et les modalités de ventes (délai de paiement), qui auront des répercussions sur la trésorerie.

Insight

Calculating projected turnover involves estimating the volume of sales for the first year. Projected turnover will later be adjusted to take into account results over the course of the first three years. Three scenarios will be calculated for each year :

- *a low expectation scenario (corresponding to the core target market over the short-term) ;*
- *a realistic scenario (corresponding to the immediate target market) ;*
- *and an optimistic scenario (taking into account the extended target market in coming years).*

Only the realistic scenario will be taken into account in financial calculations. Other important factors include the seasonality of sales and means of payment (credit facilities), which will impact cash flow.

Pourquoi l'utiliser ?

Objectif

Quantifier la demande prévisionnelle de la nouvelle entreprise en faisant plusieurs scénarios. Ce chiffre d'affaires prévisionnel sera nécessaire à l'établissement des résultats financiers qui viendront vérifier la faisabilité du projet.

Contexte

Cinquième et dernière étape de l'étude de marché, le calcul du chiffre d'affaires prévisionnel en est l'aboutissement. Pour plus de sécurité, il sera calculé de deux manières différentes et selon trois scénarios : réaliste (à partir duquel se feront tous les calculs financiers ensuite), optimiste pour envisager les écarts et pessimiste si les affaires démarrent plus lentement que prévu.

Le calcul du CA prévisionnel traduit le modèle économique de la nouvelle entreprise.

Comment l'utiliser ?

Étapes

• Le CA prévisionnel se calcule par **la méthode « descendante »** dite de la « chaîne des ratios », c'est-à-dire une grande multiplication à partir de la demande potentielle des informations issues des études documentaires et terrain. Plusieurs hypothèses seront calculées en fonction de la part de marché estimée la première année.

• Ce CA est ensuite vérifié par **un calcul « ascendant »** partant du terrain et des informations locales. Pour certains projets liés à un point de vente (restaurant, cinéma) ou à la capacité intellectuelle des salariés (consultants, architectes), ce calcul sera déterminant car il est fondé sur des limites physiques ou intellectuelles infranchissables.

• **Les deux CA calculés doivent être compatibles** sinon il convient de revoir les hypothèses de calcul.

• Le CA prévisionnel de la première année est **ensuite élargi aux deux années suivantes** pour couvrir les trois premières années d'exploitation.

Méthodologie et conseils

• Le calcul du CA doit être méticuleux et précis. De ces objectifs dépendront non seulement la décision définitive de créer l'entreprise, mais également l'ensemble de la politique de développement commercial de l'entreprise et des moyens financiers, matériels et humains à mettre en place.

• Pour plus de réalisme, il est intéressant d'étudier des projets similaires (même business ou même localisation géographique) ou de tester le projet en grandeur nature si cela est possible.

• Utiliser le principe de prudence dans les calculs.

• La saisonnalité de la première année est différente de celles des années suivantes. ■

Avantages

✔ Imaginer en chiffres la réalité de l'entreprise et comprendre ce qu'elle peut rapporter comme ventes.

Précautions à prendre

✔ Sélectionner avec précision les éléments déterminants issus des études documentaire et terrain pour faire ces calculs.

✔ Utiliser et abuser de l'avis des experts à ce niveau pour préciser les calculs, notamment la part de marché estimée. C'est l'information déterminante !

✔ La période de lancement est toujours plus longue que prévu : les premières ventes tardent, une grosse commande se fait attendre et il faut du temps pour s'installer et se faire connaître. Prévoir ce délai dans le calcul du chiffre d'affaires.

✔ Les différents scénarios permettent d'évaluer les écarts entre les niveaux de prévision et leurs conséquences en termes financiers.

Le business model

Quatrième étape de la construction du business plan, la définition du business model (BM) ou modèle économique est la concrétisation de l'étude de marché. Après la phase d'étude, **la période est aux décisions stratégiques** : décision de positionnement définitif de démarrage, ciblage des premiers clients, objectif de part de marché et mode de revenu envisagé de la nouvelle entreprise.

Les quatre logiques du business model

Définir son modèle d'affaires doit répondre à **quatre logiques** articulées et évolutives pour capter la **valeur** perçue par la cible visée :

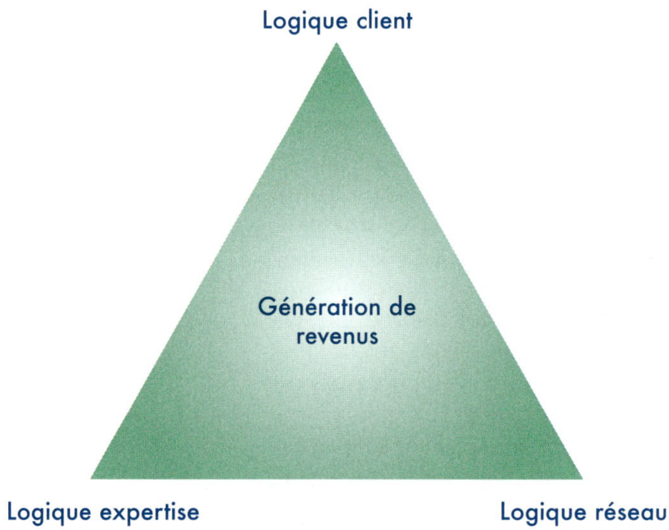

• la logique client : les avantages proposés et la valeur apportée ;
• la logique expertise : la nouvelle entreprise possède les compétences et les ressources pour réaliser cette offre ;
• la logique réseau : la nouvelle entreprise est reconnue par des partenaires ou elle travaille avec des partenaires reconnus ;
• la logique génération de revenus : la manière dont la nouvelle entreprise va gagner de l'argent et de manière récurrente.

Une promesse de création de valeur

Le BM est viable lorsqu'il permet de créer de la valeur pour l'ensemble des parties prenantes (créateur, salariés, actionnaires ou associés, business angels, banquier).
Sa proposition doit être claire. En général, les idées « simples » *a posteriori* sont les meilleures !
La promesse de l'offre doit présenter un ou deux arguments convaincants, **les fameux avantages compétitifs**. Cela peut être le prix, le délai, le niveau de qualité, le service après-vente, l'amplitude d'ouverture d'un commerce. Un excès d'arguments perturbera les clients et les partenaires qui ne les percevront pas tous ou mal. De plus, une nouvelle entreprise qui se proposerait d'offrir trop d'avantages à la fois ne serait pas crédible !

Une présentation attractive…

Sa définition doit être courte, précise et compétitive.
Au-delà de sa définition, le business model (BM) permet également de communiquer autour du projet. Ainsi, le BM (ou sa synthèse) se retrouvera dans l'*executive summary*.

Qui se décline oralement

Un BM clair est un BM que l'on peut présenter oralement.
Un bon exercice à pratiquer pour vérifier si le BM est assez précis et concis : l'exercice de l'*elevator pitch*.
Imaginez que vous prenez l'ascenseur qui mène au huitième étage d'un immeuble en même temps que Bill Gates.
• Première option : vous vous dites bonjour et c'est tout. Quel dommage !
• Seconde option idéale pour un porteur de projet : lui demander son avis sur le projet. En 2 minutes, il faut être capable de lui expliquer le projet : pourquoi ? comment ? quand ? où ? avec qui ? avec quel bénéfice ?
Cette courte description très stratégique doit l'appâter pour qu'il ait envie de continuer la discussion dans son bureau… Et pourquoi pas de devenir partenaire de l'affaire !

Même si on ne cherche pas de partenaire, cet exercice est excellent. Il oblige à la concision et évite de se perdre dans des méandres techniques ou qui ne facilitent pas la compréhension du projet.

■ Les OUTILS

Outil 17

Le business model

Le BM en questions

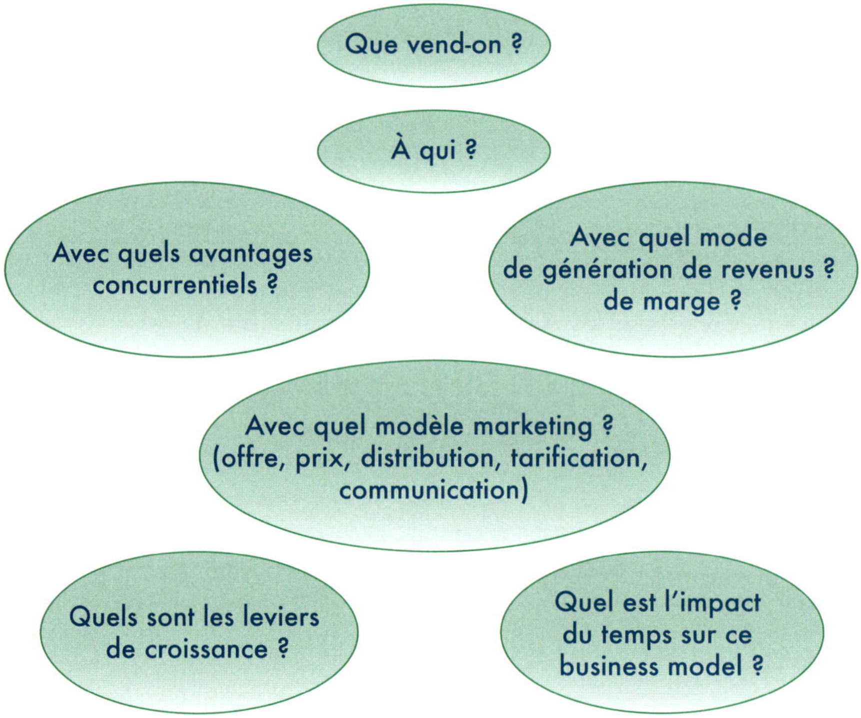

En résumé

Le business model (BM) ou modèle économique traduit le mécanisme de création de valeur de la nouvelle entreprise qui peut s'exprimer ainsi : « comment générer des revenus et de la rentabilité à partir de cette idée et avec les moyens envisagés ? ». C'est la partie centrale du business plan qui prouve que le projet est viable et peut passer de l'état de projet à celui d'entreprise.

Insight

Business model (BM) or economic model outlines the value-creation mechanism of the new company and can be expressed as follows : "how can income be generated and profitability ensured with the idea and resources at our disposal ?" It is the central part of the Business Plan which proves that the project is viable and can be transformed into an enterprise.

Pourquoi l'utiliser ?

Objectif

Expliquer la manière dont la nouvelle entreprise va réussir auprès de sa cible.
Son modèle économique doit se fonder sur un avantage concurrentiel décisif, durable et défendable. Ce modèle économique de départ de départ doit être conçu pour évoluer dans le temps et élargir l'offre pour toucher de nouveaux clients.

Contexte

Le business plan repose sur le Business model qui en est son « cœur » : c'est le centre vital de l'entreprise qui précise l'offre et le positionnement de l'entreprise et son modèle économique. La définition d'un BM clair permettra aux clients de comprendre l'offre qui leur est proposée et de l'accepter. Le BM est également un élément stratégique pour les investisseurs extérieurs.

Le modèle économique du projet est le cœur du BP.

Méthodologie et conseils

• Écrire le BM en pensant aux clients, c'est-à-dire au « à quoi ça sert » et non au « comment ça marche » qui n'a pas à être dévoilée à ce stade.
• Offrir aux clients une valeur importante (le « plus client »).
• S'aider d'un schéma peut aider à clarifier le BM (un schéma dans le document papier et un schéma, un plan ou une animation dans la présentation PowerPoint).
• Penser son BM dans la durée. Internet et les nouvelles technologies ont un impact sur les nouveaux BM, en donnant l'opportunité d'offrir des offres très ciblées (one-to-one), de toucher des micro-niches dans le monde entier, d'opter pour des nouveaux modes de tarification (à l'usage) et de nouveaux modèles financiers (mutualisation des coûts).

Comment l'utiliser ?

Étapes

• **Confronter les résultats** des études documentaires avec l'étude terrain pour trouver les **points de convergence**.
• **Déterminer de manière définitive le positionnement** de l'entreprise par rapport aux offres concurrentes, en mettant en avant les avantages concurrentiels.
• **Imaginer les modes de création de revenu** pour la première année et les années suivantes (le modèle économique).
• **Écrire le BM** comme l'étape charnière du BP, qui fait passer le projet en future entreprise. Écrire toutes ces réflexions en quelques phrases et les soumettre à l'exercice de l'*elevator pitch*.

Avantages

✔ Clarifier son business pour se centrer sur son « cœur de métier » (*core business*) et déléguer le reste.

✔ Communiquer sur son projet en termes stratégiques.

✔ Obtenir l'accord et l'aide de partenaires.

Précautions à prendre

✔ Ne pas utiliser de jargon technique ou trop spécialisé, utiliser des mots simples.

✔ Aller à l'essentiel de la raison d'être de l'entreprise.

• • •

Comment être plus efficace ?

Trois grands principes de définition du BM avec des exemples.

Centrer sa promesse sur ce qu'on sait le mieux faire et qui représente une valeur réelle pour le client

Zara repose sur un business model « fast fashion ». L'entreprise propose un grand nombre de collections, donc un renouvellement des articles fréquents, une proximité entre le lieu de production et de commercialisation qui permet une réactivité : 15 jours lui suffisent pour concevoir une collection, la fabriquer et la mettre en rayon.

Ikea et la maîtrise de la chaîne de valeur. Le contrôle des coûts si situe à chaque niveau de la chaîne : design maison, achats centralisés auprès des 2 000 fournisseurs et implication du client pour réduire les coûts (choix, transport, montage des meubles).

Le résultat est net : en France, les prix sont plus bas de 20 à 30 % que ceux de la concurrence, et l'entreprise réalise deux fois plus de chiffre d'affaires au mètre carré avec une marge souvent supérieure, et ce depuis 20 ans.

Centrer sa promesse sur une cible de clients très identifiés

Les marchés de niche offrent de belles opportunités en période de crise.

Idmalus.com : 1er comparateur au service des « malussés », conducteurs ayant plusieurs sinistres à leur actif. Le message est clair !

MyConcierge, Conciergerie-Privée : le marché des conciergeries privées ou d'entreprises permet aux salariés de ces entreprises de libérer du temps pour se concentrer sur leurs fonctions. Les entreprises clientes externalisent certaines demandes (renouvellement de papiers administratifs, réservations, lavage de voiture, etc.) à ces entreprises spécialisées.

Mum & Babe : ce concept permet aux mamans accompagnées de leur enfant d'aller dans un salon de coiffure et de beauté en se détendant. Leur enfant est pris en charge, pour des tarifs attractifs, pendant ce temps. L'idée de cette créatrice est venue en voyant ses proches débordées par les jeunes enfants et ne pouvant pas s'occuper d'elles.

Centrer sa promesse sur une valeur d'usage importante aux yeux des clients

L'**iPhone** promet de rendre la vie plus simple et plus gaie grâce à ses multiples usages. En échange, le consommateur est prêt à payer le prix en conséquence.

La marque de produits surgelés **Picard** jouit d'une forte image auprès du public car, au-delà de son rapport qualité-prix, le concept permet d'improviser des dîners sans passer des heures à cuisiner.

Le concept **Cook&go** répond à l'idée de plaisir gastronomique sans contraintes. En effet, qui ne rêve pas d'être « un vrai chef l'espace d'une soirée » sans ensuite tout nettoyer et ranger. Sans parler des conseils avisés. La proposition de cette entreprise est la réalisation, avec l'aide de chefs, de préparations qu'on fabrique sur place et qu'on emmène chez soi pour la cuisson et la dégustation. Ni courses, ni vaisselle, ni investissement ni rangement. Une offre sur-mesure puisqu'il faut réserver une plage horaire. La cible est le jeune actif urbain qui manque d'idées et n'a ni le temps ni l'énergie de se mitonner des bons petits plats pour lui et ses amis en rentrant du travail.

Exemple de **Business model *low cost***

Le *low cost* est un concept qui repose sur une standardisation et sur une simplification des processus de production et de commercialisation des produits et services. De cette manière, il permet de vendre à bas prix.

Caractéristiques du modèle économique *low cost* :

– standardisation de l'offre (gamme réduite) ;

– services limités (uniquement le service de base) ;

– distribution simplifiée (vente directe, Internet) ;

– flexibilité du personnel, le plus souvent polyvalent ;

– contrôle de gestion très serré (chasse aux coûts).

Les exemples les plus significatifs sont Ryanair, EasyJet et hôtels Formule 1. ■

	Compagnie aérienne	Hôtel
Standardisation de l'offre	Quelques vols, quelques destinations	Chambres identiques, construction en usine
Services limités	Vente dans l'avion, surprix pour accès en priorité dans l'avion et pour surpoids de bagages	Mêmes chambres, pas de petit-déjeuner, accueil limité dans le temps
Distribution simplifiée	Internet	Internet, paiement par carte bleue sur place
Flexibilité du personnel	Équipage fait le nettoyage et l'enregistrement	Le responsable de l'hôtel est aussi gardien et s'occupe de l'entretien
Contrôle de gestion très serré	Temps d'escale limité, surprix pour excédent de bagage et paiement par CB	Mobilier conçu pour augmenter l'efficacité du ménage, construction des chambres en usine

La stratégie marketing

Cinquième étape de la construction du business plan, la stratégie marketing est une **étape de décision** et non plus d'étude. Elle va décliner le business model choisi pour permettre à l'entreprise d'atteindre ses objectifs et le chiffre d'affaires qui a été préalablement estimé, à partir de moyens déterminés.

Définir un mix-marketing cohérent

La stratégie marketing se conçoit précisément pour la première année d'exploitation et s'envisage globalement pour les deux années suivantes. Ces éléments se retrouvent dans le plan marketing ou « mix-marketing ».

Le mix-marketing comprend les éléments suivants, aussi appelés les « 4 P » :

- le produit ou service (*product*) ;
- le prix (*price*) ;
- la distribution (*place*) ;
- la communication (*promotion*).

Un service est une production économique qui « se caractérise essentiellement par la mise à disposition d'une capacité technique ou intellectuelle » et non par la fourniture d'un bien tangible à un client. Les activités de services ou celles qui offrent des services en plus des produits (garantie, service après-vente, financement) sont des activités qui requièrent des efforts supplémentaires, sous la forme de « 3 P » supplémentaires que sont :

- la prise en compte de l'interaction avec les clients (*process*) ;

- la force de vente (*people*) ;
- les composants de l'espace de vente (*physical evidence*).

Tous ces éléments (4 ou 7) sont regroupés dans un document : le plan marketing.

Chiffrer le coût du mix-marketing

Une fois ces éléments du mix-marketing définis, il est possible de chiffrer le coût de ces actions à mettre en œuvre. Ces éléments chiffrés seront par la suite réintégrés dans les investissements et dans les charges externes de l'entreprise et permettront de déterminer si l'entreprise dégage un bénéfice ou une perte.

Une relation étroite entre la stratégie marketing et les conséquences financières

On parle alors d'aller et retour dans la construction du BP. Deux grandes catégories de solution se présentent : soit augmenter le chiffre d'affaires à réaliser, soit diminuer les dépenses de lancement. Augmenter le chiffre d'affaires ne pourra se faire sans l'accord des clients et une étude scrupuleuse des résultats de l'étude terrain et notamment de l'avis des experts. Ce supplément de chiffre d'affaires se fera certainement en prenant des parts de marché à la concurrence, qui en général, ne reste pas sans réaction. Diminuer ses dépenses est a priori plus simple, mais attention à ne pas dénaturer le projet ni à se priver de moyens essentiels qui ne permettraient plus d'atteindre le chiffre d'affaires estimé au départ.

En fonction des ambitions du BM et de l'état de la concurrence, la stratégie marketing sera plus ou moins agressive et ambitieuse.

- En cas de projet totalement innovant et s'il n'existe pas ou vraiment très peu de concurrence directe, la première année la part de marché pourra être de 100 % de la niche de marché visée. Il est conseillé de garder raison car la seconde année, cette part va diminuer en raison de l'apparition probable de nouveaux concurrents.
- Sur un marché « classique » et donc concurrentiel, la prudence veut de ne surtout pas attaquer de front les concurrents principaux qui possèdent des moyens de réplique rapides et imposants. La stratégie de contournement et donc de niche est toujours payante dans la durée.

Enfin, la stratégie marketing doit s'inscrire dans la durée. Aussi, les premières décisions doivent s'intégrer dans un plan à 3 ans.

Les OUTILS

Le mix-marketing produit

Mix-marketing en fonction du temps

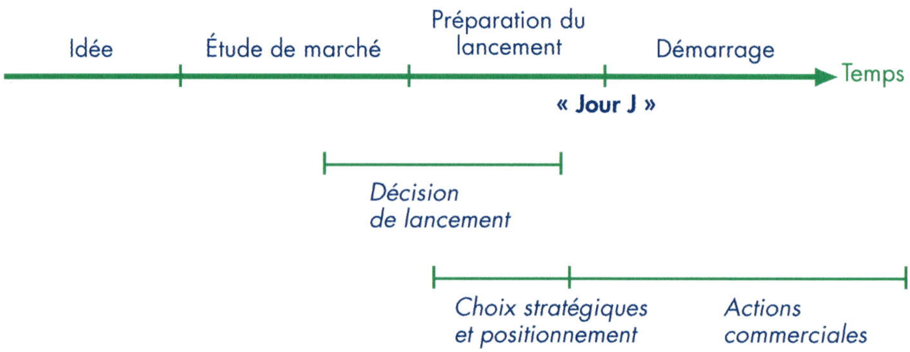

Les éléments du mix-marketing se déclinent en fonction du cycle de vie du produit. Car tout produit devient obsolète un jour !

En résumé

Le mix-marketing produits (appelé « les 4 P ») correspond aux moyens d'action : produit, prix, distribution et communication que la nouvelle entreprise va utiliser pour atteindre ses objectifs et réaliser son chiffre d'affaires estimé.

Ces éléments se déclinent dans un plan marketing pour les trois premières années de la vie de l'entreprise.

Insight

Marketing-product mix (referred to as the "4Ps") corresponds to the product, price, place and promotion concept that new companies apply to reaching their objectives and generating projected turnover.

These factors are outlined in a marketing plan covering the first three years of the firm's existence.

Pourquoi l'utiliser ?

Objectif

Toucher les clients visés et réaliser un chiffre d'affaires. Pour cela, définir avec précision les « 4P » du marketing mix, ainsi que leur période de mise en œuvre et leur coût pour se faire connaître, fidéliser les clients et accroître ses ventes.

Contexte

Les moyens marketing sont les premiers d'une longue liste (personnel, techniques, logistiques, juridiques) qui seront nécessaires à l'activité de l'entreprise.
Ils sont d'autant plus essentiels qu'ils touchent directement les clients.

Un marketing mix cohérent renforce l'image de l'entreprise et fidélise les clients.

Comment l'utiliser ?

Étapes

• **Définir l'offre de produit** en terme de gamme (largeur : nombre de produits différents et profondeur : nombre de références par produit),
• **Fixer le prix** en fonction du positionnement choisi (haut de gamme, moyen de gamme ou bas de gamme) par rapport à la concurrence. Les modalités de paiement du prix sont importantes pour les clients : abonnement, paiement à l'usage, crédit possible et délai de paiement pour les activités BtoB.
• **Choisir les modes de distribution** adaptés au produit et au positionnement. Par mode de distribution, on comprend les canaux de distribution (directe en BtoB, par Internet, via des distributeurs, dans des magasins) et le personnel dédié à la vente (commerciaux, VRP, ingénieurs technico-commerciaux ou vendeurs dans un point de vente).
• **Préparer tous les moyens de communication** nécessaire pour se faire connaître de la cible visée. Ces moyens sont la publicité, la publicité sur le lieu de vente (PLV), les relations publiques, la participation à des foires, salons et expositions, la publicité sur Internet et tout moyen pour attirer l'intérêt des futurs clients.

Méthodologie et conseils

• Faire des choix les plus opérationnels possibles et en cohérence avec le business model.
• Bien cibler les moyens de communication permet de toucher sa cible et de faire des économies. Les grands moyens de communication ne sont pas toujours les plus efficaces. Les tarifs de publicité se négocient en fonction du nombre de passage et de la période.
• Préparer et envoyer un message clair à la cible recherchée.
• La concurrence est rude et le temps est une arme fatale. Le marketing numérique permet de réagir très vite en proposant des offres différenciées qui créent une sensation d'urgence, de dialoguer en ligne, de donner des informations et faire aboutir les échanges. On peut également associer des messages en temps réel aux comportements des clients et accroître leur satisfaction pour susciter de nouveaux achats. ■

Avantages

✔ La définition cohérente des éléments du mix-marketing est essentielle pour donner une image spécifique de l'offre aux clients et assurer leur fidélité. Un client fidèle coûte 9 fois moins cher qu'un nouveau prospect à convaincre.

Précautions à prendre

✔ Il existe toujours un décalage entre les prévisions du plan marketing et les effets réels. Il est donc bon de prendre une marge de manœuvre, selon les types de projet, de quelques semaines (BtoC) ou quelques mois (BtoB).

Outil 19 Le mix-marketing services

Le mix-services

Les 7 éléments du mix-marketing	
Offre de service	Matérialisation de l'offre par des objets pour rassurer les clients.
Tarification	Politique de tarification en relation avec toutes les situations de services (tenter de réguler au maximum les flux de clients ou au contraire les augmenter en période creuse). L'offre de prix sera très large pour correspondre à chaque ajout de service dans l'offre : tarification en temps réel (« *yield management* »), anticipation de la demande, réservations obligatoires.
Distribution	Choisir les modes de distribution adaptés au service et au positionnement (vente directe en BtoB, par Internet, via des distributeurs, dans des magasins).
Communication	Communiquer avec un « discours service » : informatif sur les qualités et les avantages concurrentiels du service et un discours « entreprise » pour rassurer globalement en apportant des preuves du sérieux de la nouvelle entreprise.
People	Organisation et formation du personnel de vente (personnel en contact).
Process	Organisation et optimisation des conditions de réalisation du service.
Physical evidence	Aménagement de l'espace ou du site Internet.

En résumé

Le mix-marketing services correspond aux quatre moyens d'action utilisés pour les produits auxquels s'ajoutent trois autres spécifiques que la nouvelle entreprise va activer pour atteindre ses objectifs et réaliser son chiffre d'affaires estimé. **Process** est caractérisé par l'interaction avec les clients (accueil, conseil, horaire etc.). **People** par la force de vente et **Physical évidence** par la composante matérielle de l'espace de vente et/ou du service.

Ces éléments se déclinent dans un plan marketing pour les trois premières années de la vie de l'entreprise.

Insight

Marketing services mix correspond to the four means of action used for products, to which should be added three specific means of action that new companies should apply in order to attain their objectives and generate the desired turnover. ***Process*** *is characterised by interaction with clients (reception, advice, opening hours, etc.).* ***People*** *corresponds to the sales force, while* ***physical evidence*** *is the material component of the sales and/or service space.*

These factors are outlined in a marketing plan covering the first three years of the firm's existence.

Pourquoi l'utiliser ?

Objectif

Définir avec précision les « 7P » du marketing mix, ainsi que leur période de mise en œuvre et leur coût.
Mettre l'accent sur les « 3 P » spécifiques aux services qui feront la différence par rapport aux concurrents.

Contexte

Le positionnement défini dans le business model doit être mis en œuvre pour toucher les clients visés et réaliser un chiffre d'affaires. Les moyens marketing sont les premiers d'une longue liste (personnel, techniques, logistiques, juridiques) qui seront nécessaires à l'activité de l'entreprise.
Un nombre croissant d'entreprises offre des services ajoutés aux produits. Si l'ajout de service est très important, la mise en œuvre des « 3P » supplémentaires devient nécessaire.

Le mix-marketing comprend « 7 P » et se traduit en qualité ressentie par le client.

Comment l'utiliser ?

Étapes

- **Travailler les « 4 P ».**
- People : **organiser et former le personnel en contact** (vendeurs) qui est le maillon entre l'entreprise et le client. Répartir le personnel entre le front office (ceux qui vendent et sont en contact) et le back office (ceux qui « fabriquent » le service).
- Process : **construire des outils de gestion** spécifiques pour anticiper et suivre les coûts liés à la production du service. Il convient d'adapter le processus de production à la diversité des clients tout en standardisant au maximum pour des raisons de coût.
- Physical evidence : l'ambiance, la fonctionnalité, la signalétique doivent **faciliter le travail du client** et réduire son inquiétude par rapport à l'achat d'un service, surtout pour les nouveaux clients.
- **Qualité du service** : standardiser l'offre de service pour que la qualité de la prestation soit le plus souvent identique, par le discours du personnel et l'instauration de normes. La perception des clients de la qualité est tout à fait différente de la qualité intrinsèque du service (en termes de courtoisie ou de délai d'attente par exemple).

Méthodologie et conseils

- Faire des choix opérationnels, en cohérence avec le business model.
- La communication est ici essentielle pour le client au moment de la prestation. Bien cibler les moyens de communication permet de toucher sa cible et de faire des économies.
- Effectuer des enquêtes de satisfaction auprès des clients de manière systématique pour ne pas perdre de vue leurs exigences et leurs perceptions.
- Le marketing numérique peut être une aide. ■

Avantages

✔ Donne une image spécifique de l'offre aux clients.

Précautions à prendre

✔ Il existe toujours un décalage entre les prévisions du plan marketing et les effets réels.

✔ Les éléments du mix-marketing se déclinent en fonction du cycle de vie du produit. Car tout service devient obsolète un jour !

✔ L'image de l'entreprise se fabrique *via* le personnel en contact. La communication interne est décisive pour mobiliser le personnel.

✔ L'outil statistique pour la gestion interne et le suivi des clients est un facteur clé de succès.

Dossier 7

La protection

Sixième étape de la construction du business plan, la question de la protection intellectuelle se pose.

La PI en quelques repères

La protection intellectuelle regroupe la **propriété industrielle** et la **propriété littéraire et artistique**. La propriété industrielle a pour objet la protection et la valorisation des inventions, des innovations et des créations. La protection littéraire et artistique couvre les actifs immatériels qui font partie du patrimoine de l'entreprise.

Propriété intellectuelle
1. Propriété industrielle
Créations techniques Enveloppe Soleau Brevets Certificats d'obtention végétale Topographies de semi-conducteurs **Créations ornementales** Dessins et modèles **Signes distinctifs** Marques Dénomination sociale, nom commercial, enseigne Noms de domaine Appellations d'origine (AO) Indications de provenance

2. Propriété littéraire et artistique
Droit d'auteur Œuvres littéraires, musicales, graphiques, plastiques… Logiciels **Droits voisins** Destinés exclusivement aux artistes-interprètes, aux producteurs de vidéogrammes et de phonogrammes et aux entreprises de communication audiovisuelle.

Source : INPI, 2010

Une stratégie de protection

La protection est absolument nécessaire pour tous ces éléments et ne prête aucune discussion car son coût est faible (à l'exception des brevets) en regard des avantages retirés. En revanche, se pose la question en ce qui concerne les innovations : est-il préférable de garder le secret ou de les protéger par un brevet ? La réponse dépendra des caractéristiques du secteur d'activité, de la rapidité des innovations technologiques et de la capacité de réaction des concurrents. La question du coût est également à considérer car une protection mondiale représente un véritable investissement pour une entreprise de haute technologie qui se lance.

La matérialisation de la protection

• Les droits de **propriété industrielle** s'acquièrent en principe par un **dépôt** (brevets, dessins & modèles, marque) et parfois par l'**usage** dès que l'entreprise est immatriculée au Registre du Commerce (nom commercial ou enseigne).
• Le **droit d'auteur** s'acquiert sans formalités, du fait même de la création de l'œuvre.
• Les **droits voisins** s'acquièrent à compter de la première interprétation, communication ou diffusion de l'œuvre.
Détenir un droit de propriété permet de faire valoir ce droit et lutter contre la contrefaçon, qui est un fléau coûteux. Elle touche en France 8 % des entreprises et plus particulièrement 17 % de l'industrie manufacturière.

Un interlocuteur précieux

Pour toutes les actions relatives à la protection, l'INPI, l'Institut de la propriété industrielle, est l'interlocuteur privilégié : www.inpi.fr.

Les OUTILS

Outil 20 La protection de la marque

La valeur d'une marque

Une marque est la signature de l'entreprise.

Elle :
- crée de la valeur
- valorise les créations
- est un véritable capital
- accroît la crédibilité de l'offre

Elle peut être :
- un acronyme (BNP pour Banque nationale de Paris)
- un symbole (la pomme pour Apple)
- représenter un fondateur ou un lieu (Laguiole)
- un néologisme (Vivendi)
- une musique (les notes de musique caractéristiques de Dim)

Exemples de marque : LACOSTE®, CARTIER®, MONTBLANC®, TEFAL®, TRESOR®, DUNOD®, CARTE BLEUE®

Une marque enregistrée le signifie en apposant le symbole ®.

Ne pas confondre avec ™ (trade mark) qui correspond à un signe utilisé pour promouvoir une marque non enregistrée.

En résumé

La marque est un « signe » servant à distinguer précisément des produits ou services de ceux des concurrents. Ce signal de reconnaissance permet de conquérir de nouveaux clients et de fidéliser les clients habituels et ce, à travers le monde. C'est un capital immatériel qu'une jeune entreprise doit travailler et protéger. Elle permet également de se différencier des concurrents.

Insight

Brand is a "sign" precisely distinguishing a company's products or services from those of the competition. This signal of acknowledgment makes it possible to conquer new clients and encourage the loyalty of existing clients throughout the world. The brand is an immaterial asset which start up companies must develop and protect. Brands also help companies differentiate themselves from the competition.

Pourquoi l'utiliser ?

Objectif

Se doter d'une signature (visuelle, orale, etc.) qui reflète l'identité de l'entreprise. Elle sera un **signal de reconnaissance** et donc un outil de communication pertinent pour les clients qui leur garantit l'origine et la qualité du produit ou service proposé, tout en se différenciant des concurrents. La protection permet de se défendre contre les copies et contrefaçons.

La marque est le premier capital de l'entreprise.

Contexte

Plus de 3 millions de marques sont aujourd'hui enregistrées dans l'union européenne.

Ce capital immatériel demande une attention particulière au moment de la création pour permettre à une jeune entreprise de se faire une place au milieu des concurrents et ensuite dans une perspective de développement.

Comment l'utiliser ?

Étapes

L'entreprise qui dépose une marque détient un droit de propriété. Pour l'obtenir, il faut passer par plusieurs étapes auprès de l'INPI :

- Le choix de la **marque** : elle doit faire l'objet d'une attention particulière, notamment pour s'assurer de son originalité en vue de la protéger. Elle doit être courte. La « recherche d'antériorité » est faite par l'INPI.
- Le choix de l'**étendue de la protection** : la protection peut concerner la France, l'Europe ou être étendue à l'international.
- Le **dépôt** : c'est une formalité (formulaire en cinq exemplaires à l'INPI puis enregistrement publié au *Bulletin officiel de la propriété industrielle*, Bopi) qui permet à l'entreprise de détenir un droit de propriété.
- La **propriété** : si personne n'estime que le déposant porte atteinte à ses propres droits pendant un délai de deux mois, la marque sera acceptée et son enregistrement sera publié. La protection ne s'appliquera que pour les produits et services désignés dans l'enregistrement.

Méthodologie et conseils

Pour être valable, une marque doit être :

- représentée par : un signe verbal qui peut s'écrire ou se prononcer, un signe figuratif qui s'adresse seulement à l'œil (dessin, hologramme, figure abstraite), un signe sonore, un signe complexe, constitué à la fois de plusieurs éléments verbaux et figuratifs ou la forme d'un produit ;
- inventée (ce doit être un signe distinctif) ;
- licite ;
- Et disponible (pour ne pas porter atteinte aux droits des tiers et ne pas générer une confusion avec une marque existante ; sinon il y aurait concurrence déloyale réprimée par les juges).

Avantages

- ✔ Le titulaire d'une marque peut interdire à toute personne de l'utiliser sur le territoire national, européen ou mondial, suivant l'étendue de la protection qu'il a choisie.
- ✔ Les marques constituent un portefeuille important pour l'entreprise qui se valorise.
- ✔ Depuis 1993, la marque communautaire permet de se protéger sur toute l'Union européenne par une procédure unique.

Précautions à prendre

- ✔ Les termes étrangers peuvent être déposés comme marque sans obligation de traduction. En revanche, la traduction en langue française des messages en langue étrangère accompagnant la marque est imposée (Loi Toubon de 1994).
- ✔ Il faut veiller à la signification de la marque à l'étranger.
- ✔ Les couleurs revêtent également des significations différentes selon les pays et les cultures.

• • •

Comment être plus efficace ?

Comment déposer ?

Le dépôt n'a pas vocation à protéger une marque de manière générale, mais pour une catégorie de produits ou services, appelée « classe de produits ». La liste est consultable à l'INPI. Les vêtements appartiennent par exemple à la classe 25. Le coût du dépôt est calculé par classe.

Coût de la protection ?

	Type de dépôt	Couverture géographique	Durée	Coût
Marque communautaire (donc automatiquement française)	• L'INPI • Procédure unique	• Union Européenne	• 10 ans renouvelables	• 225 € pour 3 classes maximum, • 40 € par classe supplémentaire. • Renouvellement 230 € tous les 10 ans.
Extension à l'international	• 1. protection dans les 74 pays signataires de l'accord de Madrid • 2. dans les pays hors accord de Madrid	• 74 pays • Autre	• 20 ans renouvelables	• 653 F suisses pour une marque N&B, 903 F suisses pour une marque en couleur, pour 10 ans.

Se défendre contre la copie ?

Outre la conquête et la fidélisation de la clientèle, la marque permet d'agir contre les contrefacteurs et les pratiques déloyales. Il faut faire « vivre » une marque ; le dépôt ne suffit pas. C'est à l'entreprise de faire la preuve de la contrefaçon auprès du Tribunal de Grande Instance.

Utiliser sa marque ?

• Exploiter sa marque au moyen d'une **licence**. C'est un contrat par lequel le propriétaire d'une marque confère à un tiers le droit d'apposer sa marque sur ses propres produits et d'en faire un usage commercial (ex : la franchise) généralement limité dans le temps et géographiquement, exclusif ou non.

Une marque **se cède** à une autre personne ou une autre entreprise. Dans ce cas, il y aura transfert de propriété.

• **Réserver une marque**. On peut « bloquer » une marque (« *marque de réserve* ») lorsqu'on la dépose mais ne l'exploite pas immédiatement. Toutefois si la marque n'est pas utilisée pendant cinq ans, elle risque la « déchéance pour non-usage ».

• Gérer son **portefeuille de marques**. Est-il préférable de donner des noms différents pour chaque produit et service ? de garder une identité commune ? d'adopter une position intermédiaire ?

Exemples de Marques incontournables

Apple

Le capital sympathie d'une marque à la pointe de l'innovation

Aujourd'hui, la marque Apple est une des marques les plus connues dans le monde, selon le classement établi par brandchannel.com (classement des marques reconnu mondialement). Autres entreprises du secteur Internet, Google est 4e du classement et Microsoft 10e.

La raison invoquée est la capacité de **la firme à la pomme** de produire et amener sur le marché des produits nouveaux et innovants. C'est, aux yeux du public, une entreprise qui a fait de l'innovation une valeur partagée par l'ensemble de ses salariés et de ses clients.

Steve Jobs, le créateur d'Apple, répète toujours « La vie est trop courte. On a donc intérêt à être sacrément bons ». Les innovations ne manquent pas chez Apple et sont de vrais succès mondiaux. Mais le succès populaire d'Apple et la vitesse à laquelle la firme lance de nouveaux produits : iMac, iPod, iTouch, iPhone et iPad ont certainement joué dans la consécration de la marque.

Ikea

IKEA®

Le nom de son fondateur connu mondialement

La société **IKEA** a été fondée en 1943 par le suédois Ingvar Kamprad. Le nom IKEA est composé des premières lettres de son nom (**I**ngvar **K**amprad), du nom de la ferme de ses parents (**E**lmtaryd) et du nom de son village (**A**gunnaryd).

Les noms des produits de la marque sont peu compréhensibles au premier abord : au final, on ne retient qu'une seule marque, IKEA. À l'exception de l'étagère Billy, produit best-seller de l'entreprise. ■

Outil 21

La protection des dessins et modèles

La forme parle aux clients

Dès que les produits sont sur le marché, toute personne peut les photographier, les examiner, les tester... en vue de les améliorer et de les copier !
La protection est indispensable.

En résumé

Les dessins et modèles sont un bien immatériel qui se protège. La protection des dessins et modèles s'applique à l'apparence d'un produit ou d'une partie de produit, caractérisée par des éléments visuels, tels que ses lignes, ses contours, ses couleurs, sa forme, sa texture ou ses matériaux. L'apparence peut être matérialisée par des éléments graphiques en deux dimensions (dessins) ou en trois dimensions (modèles). Le dépôt protège l'esthétique et non la fonctionnalité.

Insight

Designs and models are immaterial goods which must be legally protected. The protection of designs and models is applied once a product, or part of a product, characterised by visual elements such as signs, contours, colours, shapes, textures and materials, has appeared. Designs are two-dimensional graphic elements, while models are three-dimensional graphic elements. Patents protect aesthetics rather than functionality.

Pourquoi l'utiliser ?

Objectif

L'apparence des produits revêt une importance stratégique : c'est un **facteur de reconnaissance pour les clients**. Les protéger est également un moyen de valoriser ses créations auprès des clients mais aussi des partenaires et de se donner les moyens d'agir contre les contrefacteurs et les pratiques déloyales.

Contexte

163 000 dessins et modèles ont été déposés en 2009, à égalité par la voie nationale d'une part et par la voie communautaire et internationale de l'autre. En France, l'industrie du vêtement est un grand utilisateur.

Les dessins et modèles sont aussi un capital immatériel.

• Déposer au plus vite une création pour la protéger est une sécurité, même si le dépôt est réalisable à tout moment, à condition de ne pas avoir été divulguée auparavant.
• Protéger ses dessins et modèles permet de pouvoir entamer toutes les démarches pour obtenir réparation des contrefacteurs ; et ceci pour un coût minime.
• Un logo peut être déposé en tant que dessins et modèles. ■

Comment l'utiliser ?

Étapes

• Le dépôt des dessins et modèles donne un **monopole d'exploitation** sur le territoire français pour une durée de cinq années, renouvelables jusqu'à 25 ans. Pour bénéficier de la protection, les dessins ou modèles doit être nouveaux, présenter un caractère propre (c'est-à-dire une identité visuelle qui ne prête pas à confusion).
• La **procédure** est un peu longue et compliquée.
• Le **coût** du dépôt est de 38 € (50 € pour dix ans).

Méthodologie et conseils

• L'interlocuteur est l'INPI, se faire conseiller est indispensable.
• On peut vendre, louer ou apporter des dessins et modèles dans une nouvelle société.

Avantages

✔ Le monopole d'exploitation confère un droit d'utilisation unique de sa création.

✔ En France, la théorie de l'« unité de l'art » s'applique et tout objet industriel esthétique original bénéficie d'une protection de droit d'auteur en plus de la protection des dessins et modèles. Il suffit de prouver l'antériorité de la conception, via une enveloppe Soleau par exemple.

Précautions à prendre

✔ Pour obtenir une protection sur l'union européenne *via* le dépôt communautaire de dessins et modèles, contacter l'OHMI.

✔ Pour tout autre pays en dehors de l'union, la protection internationale peut se faire auprès de l'OMPI. À l'étranger, la protection par droit d'auteur est également une solution.

✔ Les dessins et modèles doivent être esthétiques au-delà de la fonctionnalité pour pouvoir être déposés.

Outil 22 La protection du logo

PEER est un groupe européen de chercheurs en entrepreneuriat.
Pour exister en tant que groupe, il doit communiquer *via* Internet, mais aussi du papier à en-tête et des cartes de visites pour l'ensemble de ses membres.
Un signe de reconnaissance, un logo, est nécessaire.
Sa création a été confiée à une jeune architecte avec les éléments de consigne suivants :

- groupe de chercheurs ;
- en constitution ;
- européens ;
- avec pour origine des travaux annuels qui les réunissent à l'université Paris-Dauphine.

Résultat :
Logo créé par Anny Galanou.
Signification : un **pont** qui relie les différents membres qui forment une équipe. Leurs complémentarités permettent une **construction solide**, à l'image d'un pont. L'image du **pont culturel** est également présente. Ce pont se situe à **Paris**, illustrée par la **Tour Eiffel**, car le groupe s'est constitué à Paris. Le **bleu** reprend (sans être le même) celui qui accompagne les couleurs de la **charte graphique de l'université**.

En résumé

Un logo est un élément figuratif, c'est-à-dire un signe visuel (dessin, emblème, hologramme, figure abstraite ou représentation) ou un monogramme (les « C » entrelacés de Cartier) utilisé pour représenter symboliquement l'entreprise. Sa forme et sa couleur sont à étudier très précisément pour envoyer un signal clair aux clients, aux concurrents et à l'ensemble des partenaires.

Insight

A logo is a figurative element, or, in other words, a visual sign (a design, an emblem, a hologram, an abstract figure or a representation) or a monogram (Cartier's interlinked "Cs") used to represent the firm symbolically. A good deal of attention should be paid to the form and colour of the logo to ensure that it sends a clear signal to clients, competitors and partners alike.

Pourquoi l'utiliser ?

Objectif

Représenter visuellement l'entreprise et envoyer des signaux aux clients et partenaires. Ses signaux peuvent être le niveau technologique, l'étendue de la représentation géographique, le dynamisme de l'équipe, l'anticonformisme, la créativité, le sérieux, etc.

Le logo représente visuellement et symboliquement l'entreprise.

Contexte

À la création, une entreprise se dote d'un logo pour la représenter visuellement. Ensuite lors de tout changement important dans la vie de l'entreprise, comme une ouverture internationale pour une entreprise uniquement française depuis l'origine, une fusion ou un rachat d'entreprise, le logo devra être actualisé (voire modifié) pour symboliser la nouvelle entité.

Comment l'utiliser ?

Étapes

- **Créer ou faire créer** son logo par un spécialiste.
- L'interlocuteur privilégié est l'INPI.
- Pour être protégé, le **logo doit être nouveau et disponible**.
- Le logo peut être déposé comme une marque ou comme dessin et modèle. Ces deux options sont complémentaires. Le coût du dépôt n'est pas élevé ; aussi il est intéressant d'utiliser ces deux possibilités.

Méthodologie et conseils

- Choisir un signe visuel compréhensible dans le monde entier dès le départ procure un gain de temps et évite une transformation en cas d'expansion future.
- Changer de logo est possible mais coûteux et peut troubler les clients. Le changement devra être associé à une campagne de communication expliquant ce changement et accompagné par la création de nouveaux éléments de communication tels que le papier à en-tête, les cartes de visite, le site Internet et les brochures.
- Protéger son logo permet de faire valoir ses droits en cas d'utilisation abusive ou de contrefaçon. Exercer une veille active est nécessaire. ■

Avantages

✔ Le logo est associé à une image et symbolise l'entreprise.

Précautions à prendre

✔ Sa création doit être confiée à un spécialiste pour traduire la symbolique souhaitée.

✔ Sa signification doit être facilement compréhensible par l'ensemble des clients et des partenaires.

✔ Une fois dotée d'un logo, l'entreprise l'utilise sur tous les supports de communication et ce, dès la création pour créer une habitude.

✔ Attention à ne pas changer trop fréquemment son logo, pour ne pas perturber les clients !

Outil 23

La protection du nom

Les différentes appellations

La dénomination sociale	Le nom commercial
Elle identifie l'entreprise en tant que personne morale. C'est l'équivalent de son « nom de famille ».	C'est celui sous lequel l'activité de l'entreprise sera connue du public. Il figure sur les documents commerciaux. Ce nom peut être le même que la dénomination sociale.
L'enseigne	**Le nom de domaine**
C'est un signe visible qui permet d'identifier et de localiser une entreprise. Ce signe est en général apposé sur la façade de l'entreprise.	Il n'est ni une marque ni une dénomination sociale, mais il a acquis une valeur commerciale qui permet de localiser et d'accéder aux pages web de l'entreprise.

En résumé

Le terme générique « nom » recouvre différentes réalités qui n'ont pas la même signification : la dénomination sociale, le nom commercial, l'enseigne et le nom de domaine. Tous ces noms sont utiles pour identifier une entreprise et ses produits ou services en France et à l'étranger et leurs procédures de protection sont différentes.

Insight

The generic term "name" covers various aspects of a firm's identity which do not exactly correspond to one another : the corporate name, the trade name, the brand and the domain name. All these names are useful for identifying a firm and its products in France and abroad. Different legal approaches are applied to protecting each different form of "name".

Pourquoi l'utiliser ?

Objectif

Choisir un nom commercial différent ou identique de sa dénomination sociale permet de se faire connaître des clients et qu'ils identifient l'activité et la prestation. Choisir une enseigne renforce cet aspect visuel. Pour faire du commerce sur Internet ou simplement utiliser un site vitrine, il faut utiliser un nom de domaine, qui est une adresse.

Contexte

Le client est soumis à un grand nombre de noms et il convient de l'aider à s'y retrouver. La permanence d'un nom, d'une enseigne, d'une couleur ou d'une forme va aider. Une stratégie consiste d'ailleurs à utiliser le même nom que la désignation sociale et le nom de domaine, dans les mêmes forme et couleur que l'enseigne.

Soigner et protéger ses noms, ils sont une signature.

Méthodologie et conseils

- L'interlocuteur est l'INPI.
- Il est préférable d'enregistrer son nom de domaine (réservé et utilisé) sous la forme d'une marque. Il sera ainsi protégé dans les mêmes conditions.
- Seule la société peut demander un nom de domaine en .fr. En revanche, toute personne peut demander un nom de domaine en .com, .net, .eu. Penser à réserver toutes ces extensions. ■

Comment l'utiliser ?

Étapes

- **La propriété** sur la dénomination sociale s'acquiert au moment de l'immatriculation de l'entreprise au registre national du commerce et des sociétés.
- **La protection** du nom commercial et de l'enseigne naît du premier usage public, c'est-à-dire de l'utilisation sur des supports commerciaux (papier d'affaires, factures).
- Avant d'immatriculer le nom de la société, il convient de **vérifier qu'il est disponible** pour ce type d'activités. La recherche d'antériorité se fait à l'INPI.
- **Réserver un nom de domaine** peut se faire en ligne. Cela permet de communiquer mondialement sur Internet. Vérifier sa disponibilité et la possibilité d'obtenir un .fr, .com, .eu, .net ou .org.

Avantages

- ✔ L'utilisation de ces noms (ou nom unique) permet aux clients de se repérer.
- ✔ C'est également un gage de sérieux, de régularité de la prestation et de qualité dans le cas de plusieurs établissements (franchise, développement géographique).

Précautions à prendre

- ✔ Le nom de domaine profite au premier qui en demande la réservation, selon le principe du « premier arrivé, premier servi » ! Attention au commerce des noms de domaine en .com, .net et .eu librement attribués.
- ✔ La protection de la dénomination sociale a une portée nationale. La protection du nom commercial ou d'une enseigne a une portée territoriale restreinte au rayonnement de la clientèle (ville, région, pays).
- ✔ Veillez à la cohérence des noms avec la catégorie de produits et services et l'activité de l'entreprise.
- ✔ Se faire aider par un spécialiste de l'INPI évite des problèmes.

La protection des inventions

La vie d'un brevet

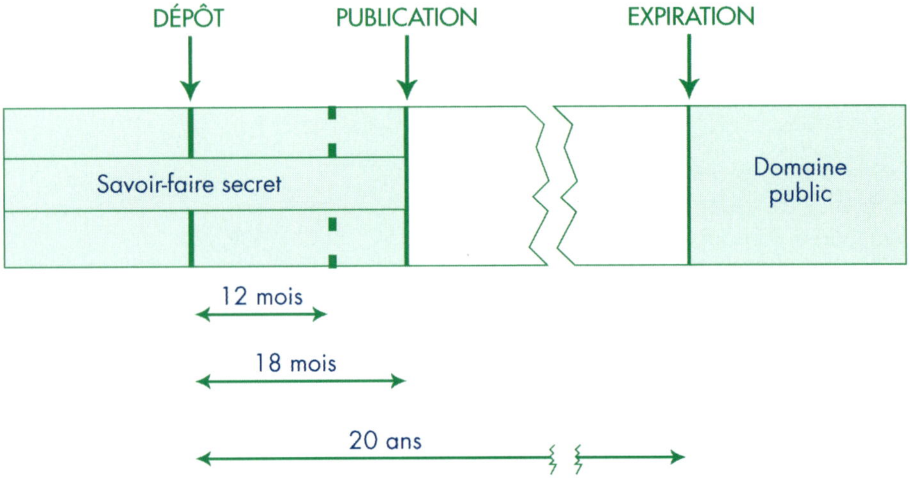

En résumé

Un brevet est un titre de propriété qui protège des inventions. Ces inventions deviendront des innovations seulement au moment où elles rencontreront le marché.

Pour être brevetable, une invention doit être un produit ou un procédé qui apporte « une solution technique à un problème technique ». La combinaison d'éléments préexistants est brevetable dès lors qu'elle débouche sur une fonctionnalité nouvelle. Cette invention doit être nouvelle, licite, applicable et inventive. Une idée ou un concept ne sont pas brevetables.

Insight

A patent is a title of ownership which protects inventions. Inventions only become innovations when they are launched on the market.

In order to be patented, an invention must be a product or procedure which provides "a technical solution to a technical problem." A combination of pre-existing factors can be patented if it provides a new functionality. Invention must be new, legitimate, applicable and original. Ideas and concepts cannot be patented.

Pourquoi l'utiliser ?

Objectif

Se protéger fait partie des choix d'une entreprise, car c'est une **arme stratégique** par rapport à la concurrence nationale et internationale. Cela peut même faire partie de l'argumentaire publicitaire pour se différencier. Se protéger permet de faire valoir ses droits contre la copie et la contrefaçon.

Les inventions brevetées ont une valeur financière.

Contexte

Dans le monde, 5,4 millions de brevets sont en vigueur. En 2009, plus de 160 000 brevets ont été déposés selon le système PCT (*patent cooperation treaty*), en augmentation de plus de 5 %. Plus de 80 % des brevets se concentrent aux États-Unis, au Japon, au Royaume-Uni, en Allemagne, en République de Corée et en France. L'Asie progresse très rapidement dans le domaine de la propriété intellectuelle.

Étapes

- **La préparation**. Avant toute démarche, vérifier l'état de la technique et s'assurer, avec l'appui de l'Inpi, que l'invention n'a pas fait l'objet de divulgation antérieure et qu'elle est brevetable.
- **La rédaction**. Se renseigner et se faire aider par un conseil en propriété industrielle pour rédiger le brevet. Les arguments de nouveauté présentés sont des « revendications ».
- **Le dépôt** proprement dit. Dix-huit mois après le dépôt du dossier à l'Inpi, qui en examine la validité, la demande est publiée au *Bulletin officiel de la propriété industrielle* (Bopi) et l'invention protégée à compter de la date du dépôt. Pendant cette période de 18 mois, l'invention est toujours « secrète », ce qui laisse le temps de l'exploiter par rapport aux concurrents. Ensuite, le brevet est publié et consultable par toute personne.
- **L'exploitation** du brevet. Le brevet est délivré pour une durée de 20 ans à compter de la date du dépôt (le certificat d'utilité pour 6 ans à compter du jour du dépôt de la demande).
- **Le renouvellement** de la validité du brevet se fait chaque année par le paiement d'annuités dont le montant varie en fonction du nombre de revendications et de la zone géographique de protection.

Méthodologie et conseils

- Le brevet doit être écrit dans la logique du droit et non dans une logique scientifique. Il est conseillé de se faire aider dans la rédaction par un spécialiste. La Compagnie des conseils en propriété industrielle regroupe ces experts.
- Attention aux contrats de travail des salariés chercheurs concernant le fruit de leur travail de recherche.

Avantages

✔ Un brevet permet de prouver sa propriété et de se défendre.

✔ Depuis 1973, la convention de Munich a permis la création de l'Office européen des brevets (OEB) dont la mission est de gérer les demandes de brevet européen déposées par les entreprises appartenant à un des 34 pays signataires.

Précautions à prendre

✔ La communication sur une découverte (communication dans un colloque, une publication) avant de déposer entraîne l'impossibilité de déposer !

✔ Déposer un brevet n'est pas pour autant un gage de succès ni une garantie totale. En effet, l'entreprise déposante doit faire vivre le brevet et apporter la preuve de la contrefaçon.

• • • ▶

Comment être plus efficace ?

Brevet ou secret ?

Faut-il protéger son ou ses inventions par un brevet ou bien garder le secret ? La réponse dépend du contexte : secteur, type et taille des concurrents, moyens financiers.

Dans certains cas, le brevet sera la seule solution, dans d'autres, le secret sera le plus sûr moyen de garder un savoir-faire particulier. Le temps est à prendre en compte pour décider quel est le meilleur moment pour se lancer dans la démarche de protection. Une autre solution est de déposer plusieurs brevets, ce qui protège beaucoup plus même si le coût augmente aussi.

Où se protéger ?

Cela peut aller de la France uniquement au monde entier. Bien évidemment, le coût sera différent : de 700 € (pour 1 à 10 revendications) pour un brevet français, à 5 000 € pour un brevet européen et 3 000 € par pays pour un brevet international (PCT).

La rédaction du brevet est à ajouter. Les PME ont une réduction de 50 % sur la plupart des redevances pour les brevets français.

Comment ?

Avant de se lancer dans une démarche de protection, d'autres solutions existent :

- **L'enveloppe Soleau**. Peu coûteuse (16 €), elle est une preuve de la date d'une création ou d'une idée. Ce n'est pas un titre de propriété mais un début de preuve. C'est une enveloppe INPI qui reste secrète à l'INPI et chez le déposant. Elle peut donc contenir des descriptions, schémas et formules précises. Ne jamais l'ouvrir, sauf pour faire la preuve en cas de problème, devant un tiers de confiance.
- **Le pli cacheté** (60 €) est une enveloppe scellée à la cire, déposée chez un tiers pouvant authentifier la date de dépôt ou remise à un huissier, à charge pour lui de la déposer au domicile de l'auteur.

Qui peut déposer ?

Une personne physique (un créateur) ou une personne morale (l'entreprise) peuvent être propriétaires. Pour l'entreprise, **le brevet fait partie de son patrimoine**. Si le créateur ou un membre de l'équipe de départ (un chercheur) apporte un brevet lors de la création, celui-ci doit être évalué par un expert aux apports. Il sera valorisé et considéré comme un « apport en industrie » et deviendra propriété de l'entreprise.

Qui aller voir ?

L'interlocuteur privilégié dans la démarche de protection est l'INPI.

La Compagnie des conseils en propriété industrielle regroupe des experts qualifiés pour écrire les revendications.

Que faire avec un brevet ?

Un brevet se cède *via* un contrat par lequel le cédant transfère son droit en contrepartie du versement d'un prix. Cette vente peut être totale ou partielle et concerner un brevet en vigueur ou une demande de brevet.

La licence de brevet est un contrat par lequel le propriétaire autorise l'exploitation de son droit à un licencié moyennant le paiement d'une contrepartie (*royalties*). On peut concéder un brevet en vigueur ou une demande de brevet. Il s'agit d'un contrat de louage. Le taux de royalties moyen dans le mode est de 5,5 %.

Quelle différence entre un brevet et un certificat d'utilité ?

Ils sont tous deux des titres donnant à leur propriétaire un monopole sur leur invention mais présentent des différences. L'établissement du rapport de recherche est obligatoire uniquement pour le brevet.

Le certificat d'utilité est valable 6 ans uniquement.

Si la demande de brevet peut être transformée en certificat d'utilité, l'inverse est impossible.

Le certificat d'utilité peut être intéressant pour protéger des inventions à durée de vie courte.

Exemple de
Raisons de se protéger

© Beboy – Fotolia.com

• Brevet ou secret ?

Le brevet n'est pas indispensable à la réussite. L'entreprise 365 Matins, créée en janvier 2009 par un ancien boulanger, n'a pas déposé par manque de moyens financiers. Son créateur a trouvé une technique unique en France qui lui permet de fabriquer du pain de qualité artisanale à des cadences industrielles. Cette technique reste son secret.

Coca-cola n'a jamais déposé de brevet pour sa célèbre boisson. Elle est copiée mais l'image et goût Coca sont un excellent rempart de protection.

• Où se protéger ?

L'entreprise Nuxe, l'une des lauréates des « Trophées de l'innovation 2007 », a pu capter une part de marché significative dans le secteur des cosmétiques face à des géants grâce à ses brevets internationaux.

FanbrushTM est un crayon de maquillage pour supporters qui leur permet de mettre en avant les couleurs de leur équipe sportive préférée. Son créateur a mis 7 ans pour passer de l'idée à la réalisation et pour trouver un partenaire pour fabriquer son produit. Son entreprise Imalis, créée en 2004, a déposé un brevet international pour se garantir en prévision des événements sportifs mondiaux.

• Brevet, arme marketing ?

Arme de communication : « Le rasoir Gilette Fusion a nécessité plus de 30 innovations brevetées » s'affiche dans le dernier spot publicitaire TV de la marque pour prouver son sérieux et son engagement pour ses clients.

Nuxe a communiqué les numéros des brevets sur les emballages de ses produits pour valoriser son offre. ■

Outil 25 La protection des œuvres littéraires

Le droit d'auteur

Copyright © - Paris - 2010 – Catherine Léger-Jarniou
Copyright © - Paris - 2010 – Georges Kalousis

Cette indication nous protège et prouve notre création à cette date.
C'est gratuit et automatique.

En résumé

Toute œuvre de l'esprit appartient à son auteur du simple fait qu'il l'a créée, et ce pendant 70 ans. Les œuvres littéraires et artistiques sont protégées par le droit d'auteur sans aucune formalité dans tous les pays signataires de la Convention de Berne pour la protection des œuvres littéraires et artistiques. Depuis la loi du 3 juillet 1985, la notion d'œuvre de l'esprit a été étendue aux logiciels qui sont également protégés par les droits d'auteur.

Insight

All intellectual works are the property of their authors for a period of 70 years, on the straightforward ground that it is their authors who created them. Literary and artistic works are protected by copyright, with no formalities attached, in all countries that have signed the Berne Convention for the Protection of Literary and Artistic Works. Since the introduction of the Law of July 3, 1985, the notion of "intellectual work" has been broadened in scope to include software programmes, which are also protected by copyright.

Pourquoi l'utiliser ?

Objectif

Le droit d'auteur protège les œuvres littéraires, les créations musicales, graphiques et plastiques, de mode, mais aussi les logiciels, etc. Il protège les artistes-interprètes, les producteurs de vidéogrammes et de phonogrammes. Il permet d'exploiter les œuvres et d'agir en contrefaçon.

Les œuvres peuvent avoir une grande valeur commerciale.

Contexte

Dans certains projets artistiques ou littéraires, ce type de protection est déterminant.

Comment l'utiliser ?

Étapes

• **Le droit d'auteur s'acquiert sans formalités**, du fait même de la création de l'œuvre. La création est donc protégée à partir du jour où elle est réalisée et ce, quels que soient la forme d'expression (forme écrite ou orale), le genre (c'est-à-dire la catégorie d'œuvre, par exemple une peinture, un roman ou une photographie), le mérite (le talent ou le génie de l'auteur), la destination (une création purement artistique ou d'art appliqué).

• **Le droit d'auteur sur les logiciels** appartient à celui qui a pris l'initiative de le créer et de le réaliser. Le logiciel doit être original.

• On peut bénéficier de deux types de droit sur l'œuvre. **Les droits moraux** protègent l'auteur. Ils sont perpétuels et non cédables. Pour les logiciels, ce droit est diminué et limité au droit du nom et au droit de divulgation. **Les droits patrimoniaux** permettent d'exploiter, d'interdire ou d'autoriser l'utilisation de cette œuvre et de percevoir, dans ce cas, une rémunération en contrepartie. Le droit patrimonial dure jusqu'à 70 ans après la mort de l'auteur ou après la divulgation si l'œuvre appartient à une personne morale (société, association).

• **Le cumul** entre droit d'auteur et dépôt de dessins et modèles ou droit d'auteur et dépôt de marque sont possibles.

• En cas de vente de logiciels, l'auteur cède le « droit à l'utilisation ».

Méthodologie et conseils

• Pour prouver la date de la création du logiciel ou faire valoir ses droits, il est conseillé de constituer des preuves par :
  - un dépôt chez soi où l'auteur s'adresse à lui-même un pli recommandé avec AR et le garde scellé ;
  - la remise d'un pli à un tiers, notaire ou huissier ;
  - une enveloppe Soleau ;
  - le dépôt auprès de l'Agence pour la protection des programmes APP. Une cotisation est demandée ;
  - le dépôt auprès de la Société des gens de lettres SDGL, pour une protection pour 4 ans renouvelables, coût 45 €.

• Les droits d'auteurs ont une valeur commerciale et peuvent être commercialisés et/ou appréciés financièrement dans le cas d'une augmentation de capital. ■

Avantages

✔ S'obtient automatiquement.

✔ Protège les créations puisqu'elles ne sont pas brevetables.

Précautions à prendre

✔ L'œuvre doit être « originale », c'est-à-dire porter la marque de la personnalité de son auteur qui doit être en mesure, en cas de litige, d'apporter la preuve de la date à laquelle l'œuvre a été créée.

✔ La protection du logiciel ne s'étend pas aux idées qui sont à la base du logiciel. Seule la mise en forme de ces idées peut faire l'objet d'une protection.

Dossier 8

L'organisation

Septième étape de la construction du BP, l'organisation part des résultats des études et du BM choisi.

L'organisation est un **stade de planification et d'ordonnancement** des différents éléments et moyens nécessaires pour exercer une activité. Ces moyens ont un coût et devront trouver un financement (dossier Finance). En fonction du financement trouvé, il sera sans doute nécessaire d'effectuer quelques allers et retours entre la définition du business model et la partie financière. Une fois tous ces éléments cadrés, la planification de l'organisation pourra se transformer en action pour le lancement réel de l'entreprise (dossier Démarrage de l'activité).

Les différentes étapes pour s'organiser

Le schéma suivant donne les différentes étapes à suivre pour créer une organisation adéquate, quel que soit le type d'entreprise envisagé. Certaines sont identiques, d'autres sont spécifiques.

Pour les **entreprises de production**, le porteur de projet doit, dans l'ordre, définir :

1. Les appareils de production pour assurer la production des volumes définis lors de l'étude de marché.
2. L'outillage nécessaire à la production.
3. Les locaux nécessaires pour installer les machines.
4. Les besoins en personnel de production (diplômes et qualifications, nombre, moment de l'embauche, formation).
5. Le personnel qui assurera la gestion courante et les ventes.
6. Les locaux pour le personnel de gestion l'entreprise et l'équipement nécessaire (mobilier de bureau, matériel informatique, moyens de transport).
7. L'aménagement des locaux de gestion et de production.

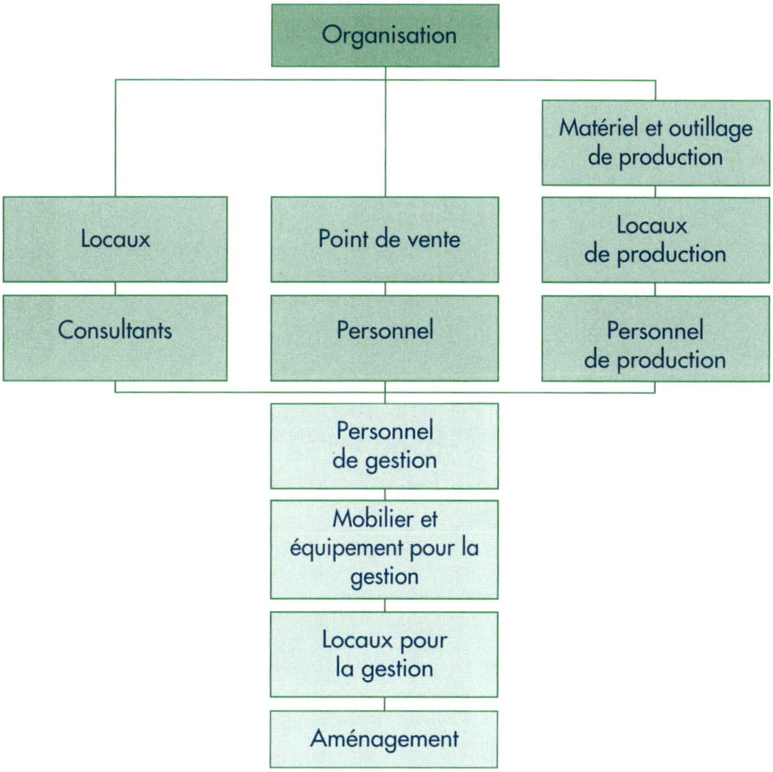

Entreprise de services — Entreprise commerciale — Entreprise de production

Pour les **entreprises commerciales**, le porteur de projet doit, dans l'ordre, définir :

1. Le point de vente (emplacement, surface, caractéristiques spécifiques), sans oublier la surface nécessaire pour le stockage.
2. Le nombre de vendeurs et leurs qualifications spécifiques (connaissances spécifiques, expérience, langues, etc.).
3. Se reporter aux points 5/6/7 précédents.

Pour les **entreprises de services** :

1. Les locaux nécessaires pour l'installation des employés.
2. Le personnel pour assurer les services (qualifications, embauche, formation).
3. Se reporter aux points 5/6/7 précédents.

L'impératif d'être prêt le « jour J »

Toute entreprise doit être prête le « jour J » pour commencer la production et la vente. Ce n'est pas forcément le 1er janvier !
Une planification du temps nécessaire avant de démarrer est une aide.
De plus, le créateur ne peut faire TOUT tout seul. Il doit s'entourer et s'organiser, constituer une équipe. Il doit même déléguer et contrôler, ce qui n'est pas évident lorsqu'on est habitué à travailler seul ou au contraire dans une grande structure.

Dossier

Les OUTILS

Le matériel et outillage de production

S'équiper en matériel et outillage

Machine offset

Ligne de découpe

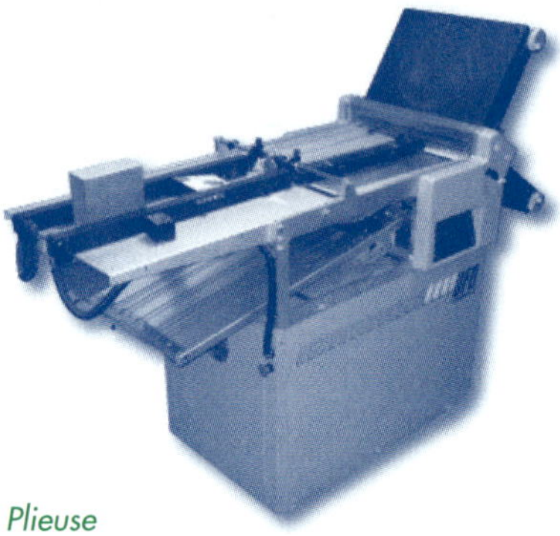

Plieuse

Chariot élévateur

En résumé

Assurer une production suffisante en volume et en qualité nécessite un certain nombre d'appareils et d'outils de production adaptés. La qualité et la quantité de la production dépendent entre autres de leurs performances. Le porteur de projet prendra soin d'établir une liste exhaustive du type de machines et d'outils nécessaires, avec leurs caractéristiques et en faisant abstraction des marques. Considérer le coût d'achat ne doit pas faire oublier le coût de maintenance nécessaire chaque année.

Insight

Ensuring that enough products of a sufficient quality are manufactured requires a certain amount of appropriate machinery and equipment. The quality and quantity of items produced depend, amongst other things, on the efficiency of their means of manufacture. Entrepreneurs will draw up a list of all the machinery and equipment required without regard to specific brands. Maintenance costs as well as purchase costs should be taken into consideration.

Pourquoi l'utiliser ?

Objectif

Se doter d'un outil de production performant pour assurer une production de qualité permet d'offrir l'avantage compétitif que les clients attendent.

Contexte

Première étape pour la mise en place d'une unité de production si l'entreprise a décidé de réaliser elle-même la production (et non de sous-traiter). Dans le cas d'une sous-traitance ou même de co-traitance, ces éléments ne sont pas à prendre en compte. Seuls la qualité, les quantités et les délais des produits sous-traités selon un cahier des charges précis seront essentiels.

Comment l'utiliser ?

Étapes

- **Définir les caractéristiques des appareils et outils** de production (type d'appareil, quantité de traitement par heure, consommation d'énergie) en faisant abstraction des marques au départ.
- **Rechercher les appareils** qui présentent ces caractéristiques ou des caractéristiques similaires.
- **Lancer des appels d'offres** (en stipulant qu'il s'agit d'une entreprise en constitution et précisant la date d'achat prévue). Demander les informations supplémentaires à savoir :
  - Le prix HT et les conditions de paiement (à la commande, à la livraison, avec échéancier).
  - Les délais de livraison.
  - Le coût et le délai de l'installation.
  - Les qualifications des utilisateurs.
  - La durée et le coût de la formation.
  - Le coût de la maintenance annuelle.
  - Les installations annexes à réaliser (réseaux d'eau et d'énergie, évacuation des eaux et des fumées).
- **Choisir les appareils** en tenant compte, dans l'ordre, des éléments suivants :
  - La qualité de fabrication (renommée du fabricant).
  - Les performances.
  - Le prix.
  - Les conditions de paiement.

Le coût d'achat ne doit pas faire oublier le coût de la maintenance.

Méthodologie et conseils

- Prendre du temps pour voir si possible des installations similaires et visiter des salons et expositions.
- Faire appel à des spécialistes indépendants des marques.
- Choisir si possible les appareils de même marque et chez le même fournisseur pour avoir de meilleures conditions de paiement et un service après-vente suivi.
- Choisir si possible un fournisseur à proximité de l'installation pour assurer une rapidité d'intervention en cas de panne. ■

Avantages

✔ Une liste exhaustive des appareils de production avec toutes leurs caractéristiques permettra d'établir avec précision la dimension des locaux et les qualifications du personnel à embaucher.

Précautions à prendre

✔ Les nouveaux produits sont souvent plus performants et économes en énergie.

✔ Privilégier des marques connues qui ne vont pas arrêter la fabrication et la maintenance de ces appareils et assurent le suivi des pièces détachées.

Les moyens et équipement de gestion

Comment s'équiper ?

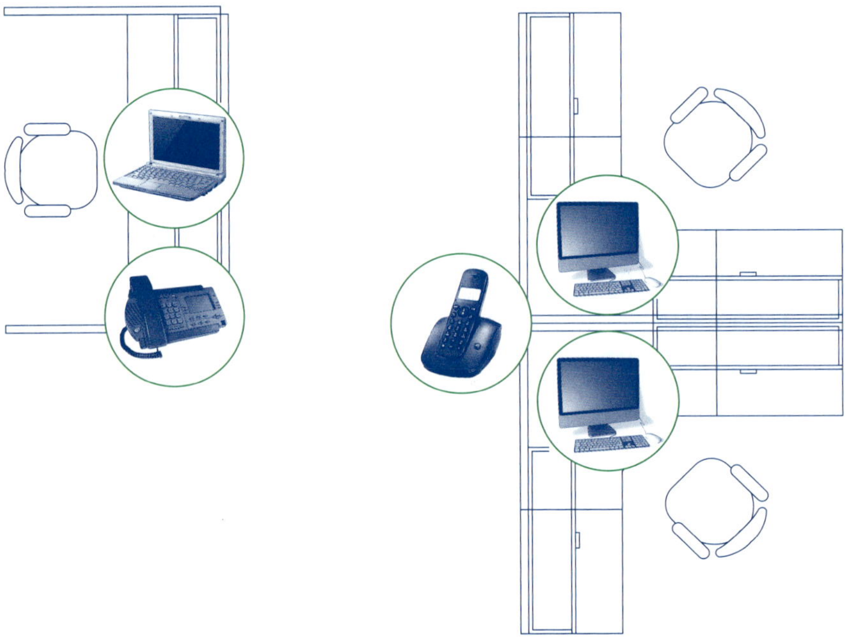

En résumé

L'entreprise doit fournir à ses salariés les moyens pour travailler dans de bonnes conditions, ce qui implique l'achat de mobilier de bureau, d'équipement informatique, de logiciels, de voitures, etc. Les conditions de travail participent à la qualité du travail effectué par les salariés, par leur facilité d'utilisation, et créent une ambiance particulière (meubles modernes ou de style, *open space* ou bureaux individuels).

Insight

Companies must provide their employees with good working conditions, which implies purchasing office furniture, IT equipment, software, cars, etc. Working conditions impact the quality of work done by employees by making it easier for them to carry out their functions and creating a positive ambiance (modern, stylish furniture, open space or individual offices).

Pourquoi l'utiliser ?

Objectif

Se doter de moyens et équipements nécessaires à chaque salarié pour mener à bien son travail.

Contexte

Le personnel qui assure la gestion courante est souvent « oublié » lors de la création d'entreprise, car ils sont en « back office ». Or ces personnes assurent non seulement la gestion courante (administration, comptabilité, suivi des ventes, etc.) mais font aussi des rapports et préparent des tableaux de bord utiles à la direction, soit pour rectifier des erreurs ou omissions, soit pour préparer l'avenir de l'entreprise.

Des salariés bien équipés, donc plus performants, au service de clients satisfaits.

Comment l'utiliser ?

Étapes

- **Recenser pour chaque poste les besoins** en :
  - – Mobilier de bureau (bureaux, chaises, bibliothèques, luminaires).
  - – Matériel informatique (ordinateurs, imprimantes, scanners, terminaux de paiement, moyens de communication : Internet, téléphone, fax).
  - – Logiciels adaptés (logiciels de facturation, de comptabilité, de paye, d'analyse des données, de programmation, de bureautique).
- **Définir le cadre général** concernant le **mobilier** (une société qui accueille le public, prendra soin d'avoir un mobilier adapté à sa clientèle).
- **Définir** les standards concernant le **matériel informatique** (réseau, système d'exploitation, ligne de logiciels).
- **Définir** les standards pour la **télécommunication** (Ligne ADSL ou dédiée, offre téléphone + Internet).
- **Définir les besoins en salles de réunion** avec leur équipement audiovisuel.
- **Faire des appels d'offres** pour les moyens coûteux.
- **Comparer les prix**, des conditions de paiement, conditions de livraison et délais.

Méthodologie et conseils

- Procéder par poste de travail, pour donner à chaque employé les outils nécessaires à sa fonction.
- Il faut adapter son mobilier à son métier et à sa clientèle (si celle-ci est reçue dans les locaux) : une agence de publicité qui gère des budgets conséquents et qui accueille les clients dans ses locaux ne peut pas avoir les mêmes équipements qu'une entreprise de développement informatique. La première doit investir dans du mobilier haut de gamme ou « tendance », tandis que la deuxième doit donner la priorité à la fonctionnalité du mobilier. ■

Avantages

✔ Un employé bien installé avec l'équipement nécessaire à sa fonction est plus performant qu'un employé mal installé et sans équipement. Il sera aussi plus stable dans son emploi.

Précautions à prendre

✔ Offrir la même gamme de moyens à tous les employés en les adaptant à leur fonction.

✔ La technologie évolue très rapidement. Le matériel informatique et les logiciels changent, offrant plus de possibilités et améliorant le rendement des employés. Organiser une veille pour suivre cette évolution.

✔ Les logiciels de gestion doivent être choisis avec l'aide de l'expert-comptable (externe) pour permettre la transmission par Internet des données.

✔ Les logiciels « prêtés » par des amis ou téléchargés sur Internet diminuent les dépenses de l'entreprise mais la mettent dans l'illégalité avec des risques financiers énormes !

Les achats de marchandises et matières premières

Quoi et comment acheter ?

Produit 1		100 %
	Composant 1	10 %
	Composant 2	4 %
	Composant 3	12 %
	Composant 4	34 %
Produit 2		**100 %**
	Composant 5	12 %
	Composant 6	14 %
	Composant 3	1 %
	Composant 2	7 %

Les achats de matières premières ou composants sont exprimés en pourcentage du prix de vente du produit. La différence correspond aux autres coûts et à la marge du produit.

En résumé

S'approvisionner de façon optimale implique d'acheter avec une marge de sécurité raisonnable (exprimée en nombre de jours de production ou de chiffre d'affaires) car les stocks coûtent cher. Acheter au bon moment, au prix le plus bas, sans diminuer la qualité des approvisionnements et avec des conditions de paiement avantageuses pour l'entreprise est le métier de l'acheteur.

Les entreprises commerciales doivent se procurer les marchandises destinées à la revente et les entreprises de production les matières premières et les composants nécessaires à leur production.

Insight

Since stock is expensive, entrepreneurs must ensure that their purchasing procedure includes a reasonable margin of safety (expressed in number of days of production or turnover). The buyer's job is to buy at the right time and at the lowest price, while ensuring optimal payment conditions and making sure not to stint on quality.

Retail companies must buy in stock to be sold on, while manufacturing companies need to buy in raw materials and components.

Pourquoi l'utiliser ?

Objectif

Bien acheter pour baisser les coûts de revient et/ou améliorer la qualité des produits pour les entreprises de production. Réduire les stocks sans provoquer de rupture, diminuer les délais de livraison et obtenir de meilleures conditions de paiement dans tous les cas.

Acheter si possible à crédit et vendre au comptant sans avoir à supporter les coûts de stockage améliore non seulement la rentabilité de l'entreprise mais immobilise aussi moins de capitaux.

Acheter, c'est arbitrer entre la sécurité et le coût.

Contexte

Le rôle majeur de la personne en charge des achats est de s'approvisionner au meilleur moment, au meilleur coût et en toute sécurité, tout en veillant à ne pas trop acheter pour ne pas alourdir la trésorerie et le compte de résultat.

Par ailleurs, dans certaines activités, les achats représentent le point crucial du projet, là où se fait la marge (la restauration).

Comment l'utiliser ?

Étapes

• Suivant l'importance des achats, **nommer un responsable** (acheteur) qui fera de la veille sur les tendances du marché (baisse ou augmentation probables des prix, nouveaux produits ou marchandises de substitution, situation des fournisseurs) et analysera les risques de défaillance des fournisseurs.

• **Définir la quantité et la qualité** à acheter.

• **Rechercher des fournisseurs** pour chaque produit ou matière première et s'informer sur la qualité et les risques auprès d'autres clients.

• **Négocier les prix**, les quantités et la saisonnalité des achats. Obtenir les meilleures conditions de paiement (le plus tard possible, pour éviter des problèmes de trésorerie). Concernant les prix, il existe deux possibilités :

– FOB (départ usine), l'organisation du transport, de son coût, et les assurances étant à la charge du client ;

– CIF (livraison à l'entrepôt du client), toutes les charges étant incluses dans le prix de vente.

• **Établir**, si possible, **des partenariats avec les fournisseurs** (flux tendus) pour assurer non seulement un approvisionnement régulier mais aussi de meilleurs prix.

Dans le cas d'insuffisance de capitaux, faire entrer le fournisseur dans le capital social de l'entreprise.

Méthodologie et conseils

• Sans marchandises et sans matières premières il n'y a pas de ventes !

• Faire jouer la concurrence et ne pas dépendre d'un seul fournisseur évite les risques.

• Toujours s'informer sur la viabilité des fournisseurs et avoir des fournisseurs de « repli ».

• Le coût du transport peut augmenter considérablement le prix final. Trouver le meilleur transporteur (prix et fiabilité) diminue les risques. ■

Avantages

✔ Une bonne gestion des approvisionnements augmente la rentabilité.

Précautions à prendre

✔ Surveiller les tendances du marché concernant les prix, les grèves des transporteurs, les nouveaux produits, les produits de substitution, etc.

✔ Vérifier la viabilité des fournisseurs (un fournisseur qui subitement ferme son entreprise ou arrête sa production pénalise une jeune entreprise et l'empêche de travailler).

Les moyens humains

L'organigramme

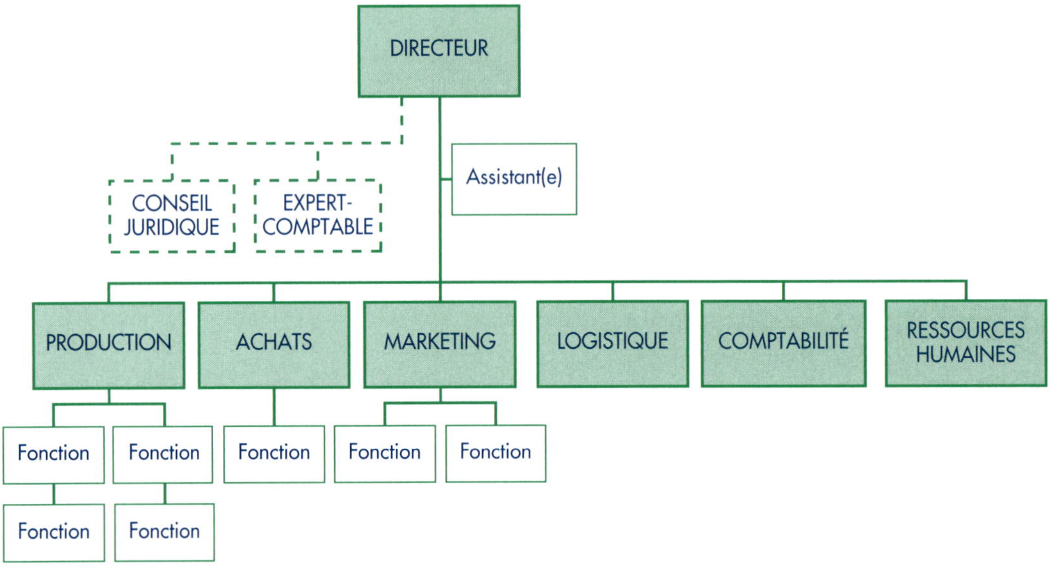

Points de repère et questions :
- Nombre de niveaux hiérarchiques (rôle, avantages, inconvénients, styles).
- Autonomie dans le travail (centralisation/décentralisation, équipes autonomes, semi-autonomes).
- Activité à l'international (oui/non, actuelle/future, en direct/partenaires, modes de contrôle).
- E-commerce (pour quoi, à quel niveau, total/mixte).
- Internalisation/externalisation des tâches : en fonction du cœur de métier (ex. : RD, production, publicité, expertise comptable, questions juridiques et sociales).
- Partenaires et gestion en réseaux.
- Gestion par projets/affaires.

En résumé

L'organisation du personnel doit tenir compte de la stratégie choisie et de la nature de l'activité de l'entreprise. Elle est représentée par un organigramme. Une structure hiérarchique à plusieurs niveaux, avec descriptions de poste simples mais détaillées, permet une organisation optimale. Néanmoins, une structure légère est conseillée pour démarrer. La structure suivra le développement de l'entreprise.

Insight

Staff must be organised in accordance with the nature of the firm's business and with company strategy. This organisational approach is represented in an organisation chart. A multi-level hierarchical structure with straightforward but detailed descriptions of professional functions guarantees an optimal degree of organisation. Nevertheless, it is advisable to apply a flexible structure when starting a company. Structure will follow in due course.

Pourquoi l'utiliser ?

Objectif

Gérer une entreprise au-delà de la création nécessite de s'entourer d'une équipe et de s'organiser. Ces moyens et cette équipe assureront la gestion quotidienne de l'entreprise mais aussi le pilotage de son développement.

Contexte

La gestion du personnel comprend deux aspects : un aspect opérationnel pour optimiser la gestion courante (paye, gestion des charges sociales et leur déclaration auprès des institutions de la Sécurité Sociale) et un aspect stratégique qui vise le développement de l'entreprise à plus long terme.

Le personnel et notamment les premiers collaborateurs sont un capital inestimable.

Comment l'utiliser ?

Étapes

• **Identifier les besoins pour chaque fonction**, en nombre et en qualifications, et établir un organigramme.
Identifier à quel moment et pour quelle durée chaque poste doit être occupé (emploi saisonnier, à mi-temps, plein temps).
Définir quels postes seront assurés par du personnel de l'entreprise et par du personnel extérieur.
• **Établir** pour chaque poste à pourvoir **un descriptif** (diplômes, expériences, qualifications, tâches à réaliser)
• **Faire appel d'abord à des organismes spécialisés** (Pôle emploi) pour annoncer les postes à créer puis publier les postes auprès des institutions de formation (Universités, IUT, lycées pro etc.).
• Recevoir dans un premier temps les lettres de motivation et les CV des candidats, faire un premier tri et en ensuite **procéder à des entretiens**.
• **Faire établir des contrats de travail** par un conseil juridique en privilégiant l'ordre : stage, contrat à durée déterminée (CDD), contrat à durée indéterminée (CDI) pour évaluer les compétences des salariés.

Méthodologie et conseils

• Prendre du temps pour organiser ses ressources humaines. Le porteur de projet va devenir entrepreneur et à ce titre, devra gérer l'entreprise et donc le personnel. Avoir des salariés entraîne délégation et contrôle. Une organisation claire et si possible hiérarchique est nécessaire.
• Prendre du temps pour trouver ses collaborateurs car ils constitueront la « garde rapprochée ».
• Le côté humain des relations avec les salariés est crucial (éviter que deux personnes qualifiées ne s'entendent pas sur le terrain). ■

Avantages

✔ Une bonne organisation avec du personnel qualifié permet de gérer le quotidien en étant informé constamment du bon déroulement de l'entreprise, mais aussi de pouvoir anticiper les problèmes à venir.

Précautions à prendre

✔ Lors d'une embauche, faire intervenir le responsable hiérarchique du service concerné.

✔ Établir des contrats de travail clairs avec l'aide d'un avocat ou d'un conseiller, en accord avec la convention collective du secteur.

✔ Ne pas hésiter à externaliser un certain nombre de postes (par ex. : gestion de la paye, comptabilité, transport, etc.) qui ne font pas partie des compétences distinctives de l'entreprise.

✔ Se souvenir que le porteur du projet n'est pas « l'homme à tout faire ». Sa dispersion, en « occupant » plusieurs postes à la fois, diminue ses capacités spécifiques. Il doit déléguer !

Où s'implanter ?

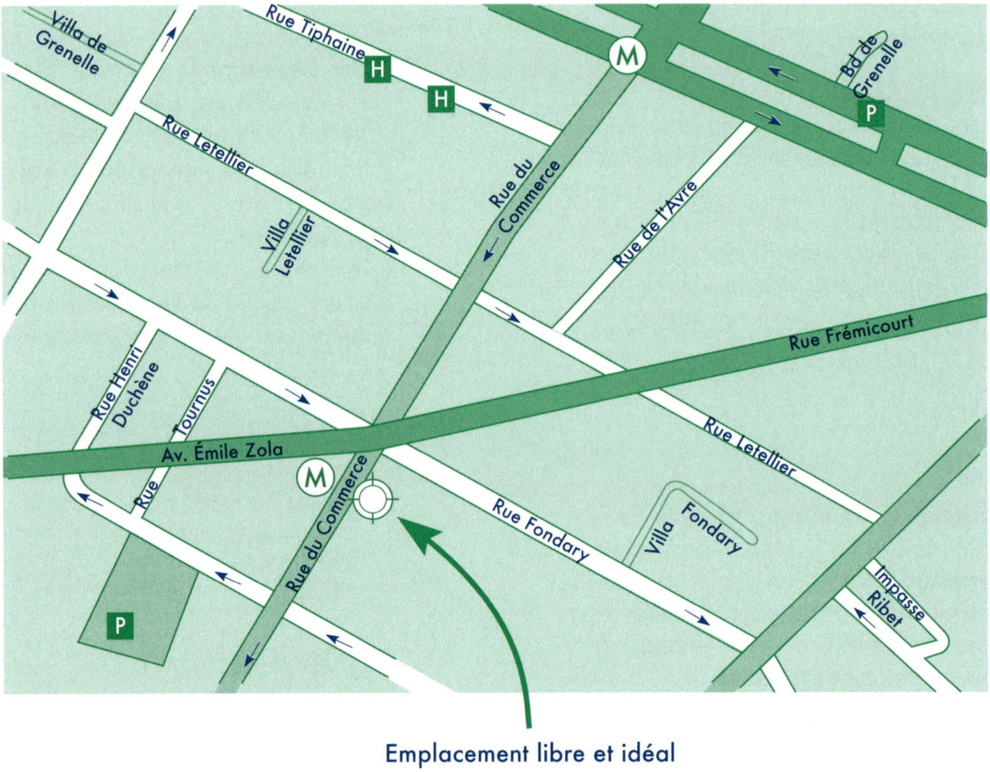

En résumé

Le choix des locaux dépend d'une part de la surface nécessaire pour réaliser son activité mais aussi du type de l'entreprise et de son positionnement sur le marché. Le démarrage d'une entreprise peut être fait au domicile du porteur ou dans un immeuble de bureaux pour les services, dans une pépinière, un incubateur, un parc technologique ou une zone industrielle pour une société de production et dans une rue commerçante pour les commerces.

Insight

The choice of premises depends not only on the surface area required to run the business successfully, but also on the company's positioning in the market. Entrepreneurs can start service-based businesses in their own homes or in offices ; manufacturing companies in incubators, business parks or industrial zones ; and retail outlets in commercial streets.

Pourquoi l'utiliser ?

Objectif

Trouver des locaux adaptés aux spécificités de l'entreprise (un restaurant dans une zone où ils sont déjà nombreux, une activité textile dans le Sentier à Paris, une activité liée à la parfumerie soit à Grasse, soit dans le Pôle de compétitivité de Chartres).

L'emplacement est un élément important pour les clients et les salariés.

Contexte

L'importance des locaux varie selon le type d'activité. Pour les commerces, le facteur numéro un est l'emplacement ; pour une entreprise de production, l'espace nécessaire, les moyens de transport et de logistique, les aides locales ; pour une entreprise de services, ses bureaux plus ou moins « en vue » si elle reçoit des clients.

Comment l'utiliser ?

Étapes

• **Définir exactement la surface nécessaire** pour l'installation des machines, du personnel (douches, WC, vestiaires), pour entreposer les marchandises et matières premières et la surface destinée à la gestion courante.

• **Définir les caractéristiques additionnelles des locaux** : parking, emplacement d'embarquement et débarquement des marchandises, proximité des transports publics, proximité des clients et fournisseurs.

• Pour certaines entreprises qui créent de l'emploi, un facteur de choix du lieu d'implantation est l'aide que les collectivités locales donnent sous forme de subventions d'équipement et d'exploitation (diminution des charges patronales, etc.).

• **Penser à l'expansion de la société**. Déménager coûte cher.

• Faire des recherches et **comparer** les avantages et inconvénients de chaque localisation.

Se renseigner sur le prix moyen du secteur d'implantation pour pouvoir négocier le loyer.

• **Visiter les locaux en compagnie d'un expert** pour vérifier leur état et budgétiser les dépenses de mise en état et aux normes.

Négocier le prix, le dépôt de garantie et la commission de l'agence immobilière.

Négocier le « pas-de-porte » pour les entreprises commerciales.

• **Signer le bail** avec le concours d'un professionnel.

Méthodologie et conseils

• La construction des locaux, tout en augmentant la valeur de l'entreprise, est un procédé coûteux et long. Pendant la construction des locaux, l'entreprise doit supporter des frais de structure sans avoir de revenus.

• L'aménagement des locaux pour les entreprises commerciales est un facteur de réussite, et suivant le standing plus ou moins onéreux. ■

Avantages

✔ Avoir des locaux adaptés à l'image de l'entreprise tout en offrant au personnel des conditions de travail optimales (en surface, en accès par les transports en public etc.) est un facteur clé de réussite.

✔ En cas de construction, l'entreprise a la possibilité d'emprunter auprès des banques en donnant comme caution les locaux.

Précautions à prendre

✔ L'entreprise doit financer la période entre sa constitution et les premiers encaissements des clients. Faire l'étude de la localisation de l'entreprise avec recherche des locaux avant la création de l'entreprise diminue ce temps et permet de commencer son activité et de vendre au plus vite.

Le personnel et les moyens commerciaux

Salariés ou personnel extérieur ?

Personnel	Type	Année 1	Année 2	Année 3
Gérant	Gérant non salarié	54 800	56 444	58 136
Assistant de direction	Salarié CDD	40 600	41 822	43 076
Vendeur 1	Salarié CDI	49 000	50 474	51 988
Vendeur 2	Salariée CDI	28 000	28 840	29 704
Vendeur 3	Salarié mi-temps	14 000	14 000	14 000
Commercial	Salarié + commissions	49 064	55 847	58 480

En résumé

La première mission d'une entreprise, pour subsister, est de vendre et dégager un chiffre d'affaires. Pour cela, elle a besoin de personnel commercial compétent et de moyens suffisants. Le personnel et les moyens seront adaptés au type de l'entreprise, à ses produits et services, à l'image qu'elle souhaite véhiculer et aux types de clients (BtoB/BtoC).

Insight

The primary duty of a company is to sell goods and services and generate turnover. In order to do so, it needs competent sales staff and sufficient resources. Staff and assets should be adapted to the kind of company it is, to its products and services, to the image it wants to portray, and to its client base (BtoB/BtoC).

Pourquoi l'utiliser ?

Objectif

Optimiser l'organisation des ventes en personnel et en moyens, quel que soit le type de l'entreprise, pour, d'une part, trouver de nouveaux clients et, d'autre part, fidéliser et assurer le suivi des clients existants.

Contexte

Le personnel en charge des ventes est le plus proche des clients. C'est lui qui véhicule l'image de l'entreprise auprès des clients actuels et futurs. Il est essentiel pour une activité de services. En cas de vente sur Internet, le site devient ce lien entreprise-clients. Le premier vendeur de l'entreprise est son dirigeant.

Le chef d'entreprise est le premier vendeur de son entreprise, il véhicule son image !

Comment l'utiliser ?

Étapes

- **Fixer des objectifs** (parts de marché) en fonction des caractéristiques du marché (BtoB, BtoC, marché local, régional, national, international) et leur répartition.
- **Décider l'organisation des ventes** :
  - interne avec une force de vente (vendeurs, vendeurs en ligne pour Internet, télévendeurs, commerciaux, etc.) ;
  - externe par des entreprises spécialisées ou des VRP multicartes ;
  - mixte en combinant ces deux possibilités.
- Dans le cas d'une **organisation interne** :
  - Recenser le nombre et les qualifications du personnel.
  - Recenser l'organisation des moyens de ce personnel (bureaux, ordinateurs, moyens de communication, logiciels spécifiques d'analyse et de suivi des ventes et, pour les commerciaux, ordinateurs portables avec connexion Internet, téléphones, voitures, etc.).
  - Intéresser le personnel de ventes aux résultats (salaire fixe plus commissions sur les ventes et primes en fin d'année).
- Dans le cas d'une **externalisation des ventes** :
  - Nommer un responsable interne qui assurera le suivi.
  - Trouver la société ou les VRP les mieux adaptés.
  - Signer le contrat en fixant des objectifs chiffrés (nombre de clients nouveaux, volume des ventes par mois, etc.).
  - Intéresser les VRP au niveau de ventes et à leur progression (primes).
- Dans les deux cas, mettre à la disposition du personnel des ventes la documentation nécessaire.

Méthodologie et conseils

- Évaluer la possibilité la plus intéressante (efficacité-coût) entre posséder une force de vente en propre et externaliser cette tâche.
- Acheter ou louer des fichiers spécialisés pour contacter de nouveaux clients (par mail, téléphone ou courrier).
- Un site internet actualisé et captif, quel que soit le type d'entreprise, est la vitrine de l'entreprise et la première source de documentation des clients ! ■

Avantages

✔ Une force de vente efficace organisée avec des outils « dernier cri » est une nécessité pour suivre et anticiper les besoins des clients, de plus en plus volatils.

Précautions à prendre

✔ Des outils performants (CRM *customer relationship management* ou gestion de la relation client) analysent en permanence le marché et dopent les ventes.

✔ Ces outils évoluent et se périment rapidement.

Outil 32 L'agencement des locaux

Obligations en matière de locaux et décoration

Mise en conformité	
Accueil du public	• Accueil handicapés • Évacuation • etc.
Locaux	• Extincteurs • Alarme anti-incendie • etc.
Informatique	• Ondulateur de courant • etc.
Agencement	
Décoration	• Luminaires • Couleur des murs • Styles de mobilier • Bibliothèque/rayonnages • Plantes • Tableaux • etc.

En résumé

L'agencement, ce n'est pas seulement la décoration, cela comprend aussi l'organisation de la surface et sa mise en conformité. L'agencement s'adresse à la fois au personnel et aux clients et partenaires.

L'espace de travail et d'accueil des clients traduit l'image de l'entreprise et dépend de l'activité et du standing de celle-ci. Une activité commerciale ou de services doit soigner cet aspect qui fait partie de l'évaluation de la qualité de la part des clients. Toutes les dépenses d'agencement passent dans le poste « frais d'agencement » du plan de d'investissement.

Insight

Layout is more than just decoration. It primarily concerns the way in which office or retail space is physically arranged. Layout benefits staff, clients and partners alike.

Work and customer reception areas portray the company's image. They mirror the activity and reputation of the firm. A retail or service-based company will need to work on this aspect, as customers are very sensitive to presentation. All expenditure in this area is recorded under "layout costs" in the investment plan.

Pourquoi l'utiliser ?

Objectif

Donner aux salariés des conditions de travail et une ambiance propices à leur activité. Accueillir correctement les clients et tous les partenaires. Se mettre en conformité avec toutes les réglementations et elles sont nombreuses !

Contexte

Les locaux de l'entreprise reflètent son identité. Des locaux sécurisés et adaptés non seulement au type de l'entreprise mais assurant aussi un cadre de travail agréable pour le personnel sont nécessaires. Les locaux loués ne sont généralement pas adaptés à sa propre activité, il faut les aménager ; même si l'aménagement est moindre que dans le cas d'une construction.

L'agencement n'est pas seulement la décoration, c'est aussi la mise en conformité.

Comment l'utiliser ?

Étapes

• **Définir la surface nécessaire et ses caractéristiques pour chaque salarié** (*open space*, bureaux séparés). Certains doivent travailler dans le calme (comptables), d'autres accueillir les clients dans un cadre plaisant et convivial. D'autres (dirigeant) ne doivent pas partager leurs conversations.
• **S'informer sur les réglementations spécifiques** (lieu accueillant le public, réglementations spécifiques à certains secteurs d'activité : restaurants, crèches, laboratoires, hôtels, etc.) et celles concernant le stockage.
• **Choisir entre la location ou la construction**.
• En cas de construction, informer précisément le bureau d'étude des spécificités de l'entreprise (standing, accueil des clients, organisation du personnel, besoins spécifiques) et faire établir des devis.
• Établir un état des lieux en insistant sur les réseaux électrique, téléphonique, et la sécurité (incendie).
• Établir un plan pour pouvoir modifier la surface par des cloisons, murs et portes.
• Décorer en fonction de l'image que l'on veut donner à son entreprise.

Méthodologie et conseils

• Agencer chaque service en analysant le type de travail effectué et respecter la réglementation en vigueur.
• Adapter les locaux au style et au standing de l'entreprise.
• Tout agencement est à travailler si possible avec un architecte d'intérieur et/ou une entreprise générale du bâtiment (meilleure coordination des travaux en respectant les délais). ■

Avantages

✔ Des locaux adaptés aux besoins du personnel assurent un meilleur cadre de travail et donc un meilleur rendement.

✔ Des locaux fonctionnels, plaisants et accueillants rassurent les clients.

Précautions à prendre

✔ Créer des agencements qui respectent la réglementation, sinon ce manquement risque d'être coûteux !

✔ Une décoration réussie n'est pas forcément une décoration chère !

Outil 33 Le rétroplanning

Pour être prêt le « jour J »

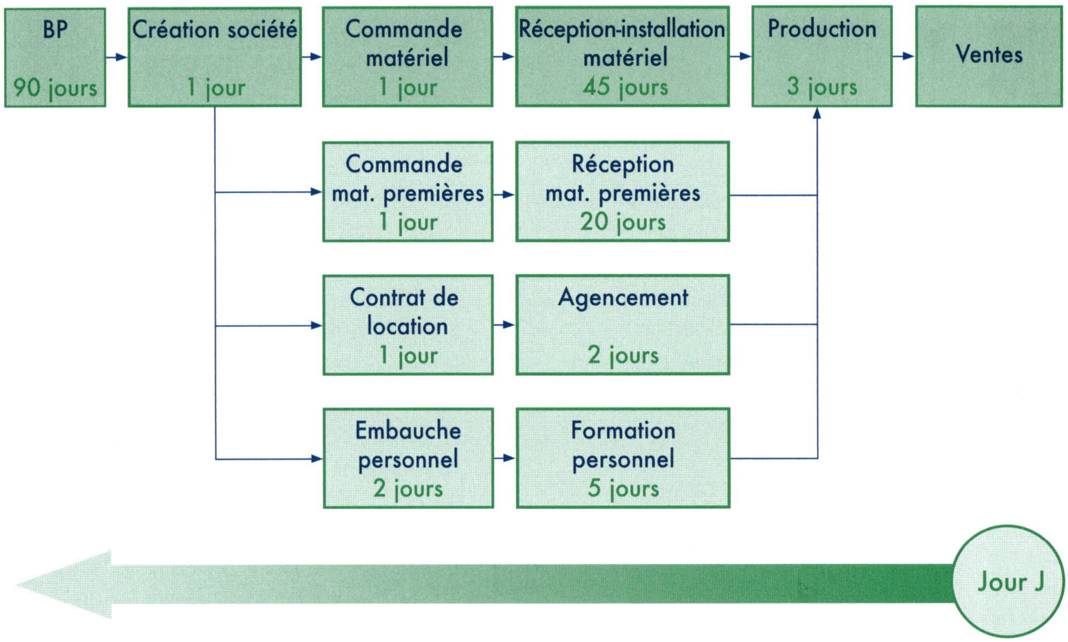

En résumé

L'entreprise doit être prête à fonctionner à un moment précis de l'année, appelé le « jour J ». Ce moment est déterminé par l'étude marketing et dépend de la saisonnalité de ses produits et services. Avant cette date et après la création administrative, un certain nombre de tâches doivent être exécutées (embauche et formation du personnel, commande et réception du matériel, commande et réception des marchandises ou des matières premières etc.). L'ensemble de ces tâches peuvent être anticipées par un rétroplanning pour être totalement prêt le « jour J ».

Insight

The company must be ready to start functioning at a specific day in the year, referred to as "D Day." This day is chosen in function of the marketing study and depends on the seasonality of the company's products and services. Before this date and after the company has been set up administratively, a certain number of tasks need to be carried out (hiring and training staff, ordering and taking possession of equipment, goods, raw materials, etc.). These tasks can be listed in a reverse scheduling plan in order to ensure that the company is properly prepared for "D Day".

Pourquoi l'utiliser ?

Objectif

Calculer le moment opportun de la création administrative de l'entreprise pour être sur le marché au bon moment et prêt à fonctionner le « jour J » par un rétroplanning. Être prêt au bon moment évite des dépenses inutiles et améliore la trésorerie de l'entreprise. La période intermédiaire entre la création administrative et le fonctionnement doit être réduite au maximum.

Gérer le temps avant le « jour J » en diminuant les risques.

Contexte

L'installation de l'entreprise après sa création prend du temps. Le temps est plus long pour les entreprises de production (besoin de locaux aménagés pour la production, de matériel, de personnel formé, de commande et d'achat de matières premières), plus court pour les entreprises de services et moyen pour les entreprises commerciales qui doivent trouver le local et acheter des marchandises. Or pendant cette période, l'entreprise ne vend pas et donc n'a pas de revenus. Elle doit financer cette période par ses propres capitaux.

Comment l'utiliser ?

Étapes

- Faire la liste des actions/tâches à exécuter **avant la création de l'entreprise** (appels d'offres pour le matériel, annonces d'embauche, recherche de locaux).
- Faire la liste des actions/tâches (et de leurs durées) qui doivent être faites **avant le début des ventes** et après la constitution de la société (commandes de matériel, signature du bail, embauches).
- **Trouver les liaisons entre les tâches** (formation du personnel après l'embauche et après l'installation des machines, agencement des locaux après la signature du bail, etc.)
- Définir quelles tâches (ou groupes de tâches) peuvent être exécutées en même temps.
- **En partant du « jour J »**, organiser les tâches en remontant le temps pour arriver à la date de la création administrative de l'entreprise.
- **Définir le chemin critique** (c'est-à-dire le chemin le plus long entre le début des ventes et la création administrative). Ce chemin critique permet de fixer la date de la création de l'entreprise.

Méthodologie et conseils

- Bien définir ce qui peut être fait avant la création, et ce qu'on est obligé légalement de faire après la création administrative écourte le temps de la mise en place de l'entreprise.
- La durée d'un certain nombre d'actions/tâches est définie par des éléments extérieurs (commande, réception, installation d'appareils). S'assurer que ces éléments tiendront les délais.
- Tout retard dans l'exécution des actions/tâches du chemin critique entraînera forcément des retards le « jour J ». ■

Avantages

✔ Un rétroplanning, outre l'organisation du lancement de l'entreprise, permet de trouver le moment opportun pour la création administrative, diminuant ainsi les besoins de financement.

Précautions à prendre

✔ Respecter les délais donnés par les fournisseurs pour calculer les tâches.

✔ Ne jamais surestimer ses capacités de travail durant toute cette période, où chaque jour compte !

✔ Surveiller les actions/tâches du chemin critique.

Dossier 9

Le démarrage de l'activité

Cette étape est souvent peu étudiée ni présentée dans les démarches de création d'entreprise. Le créateur se trouve alors seul face aux premières actions à entreprendre après avoir réalisé différentes études (études de marché et d'organisation) et défini son business model et sa stratégie marketing. Or le démarrage est une période cruciale dans la mesure où il convient de **tout faire pour exister légalement** (enfin !).

L'organisation de l'existence légale de l'entreprise

Maintenant, il convient donc de « faire » et de ne rien oublier de ces petites démarches ou actions très utiles pour la bonne réalisation des objectifs. **Elles sont consommatrices de temps mais néanmoins indispensables**.
Il faut suivre le rétroplanning établi précédemment pour être prêt le « jour J ». L'ordre est important et la présence du créateur indispensable pour certaines démarches.
L'acte de naissance de l'entreprise se fait par son immatriculation et l'obtention du précieux document : le Kbis. Ce dernier est la preuve de l'existence de l'entreprise. Il sera demandé pour toutes les démarches administratives. Sans ce précieux document et les informations qu'il comporte, le créateur est incapable de travailler.

Ne pas perdre de temps

L'ordre des démarches est important : il est impossible de déposer les statuts sans avoir déposé les fonds auprès d'une banque. Les banques demandent

un délai pour préparer le premier chéquier, les documents et factures doivent porter un certain nombre d'informations provenant du Kbis.
Il faut parfois plusieurs jours pour obtenir certains documents, et par moments, on peut avoir l'impression de tourner en rond. S'organiser (planifier les tâches et le timing) augmente l'efficacité de cette période et raccourcit sa durée.
Pour chaque démarche, il est conseillé de :
• Se renseigner, selon la nature de l'activité, sur les démarches administratives à effectuer.
• Se renseigner sur les documents à fournir, le nombre d'exemplaires, leur forme (original, copie certifiée conforme, copie simple).
• Se renseigner sur les heures d'ouverture et les personnes à contacter.
• Garder les originaux des documents et éventuellement des copies et commencer leur classement. Ils seront utiles à un certain moment de la vie de l'entreprise.
• En cas de paiement, demander des factures (et non pas de tickets de caisse) au nom de la société.
• Autant que possible, éviter de payer par chèques ou carte de crédit personnels pour faciliter la comptabilisation des dépenses.
• Dès l'immatriculation de l'entreprise, plusieurs courriers vont être reçus. Certains proviennent des administrations, mais d'autres, utilisant les formes « officielles », sont des publicités provenant de sociétés commerciales. Faire le tri et répondre uniquement aux courriers qui proviennent des administrations.
• Éviter les propositions d'un certain nombre d'officines qui moyennant finances se proposent de vous aider pour accomplir ces démarches.

Trois actions majeures

Pour démarrer l'activité, trois séries d'actions doivent être accomplies :
• Les formalités de création pour obtenir une existence légale.
• Les assurances.
• Les premières démarches :
  – création des documents commerciaux : papier à en-tête, cartes de visites, bons de commande, catalogue et documentation ainsi qu'un site Internet (vitrine ou e-commerce), tampon de l'entreprise ;
  – signature des premiers contrats avec les clients ;
  – passation des premières commandes nécessaires au démarrage de l'activité ;
  – embauche selon le plan défini dans l'étape précédente ;
  – installation et aménagement des locaux selon le plan défini dans l'étape précédente.

Dossier 9

Les OUTILS

Les formalités de création

De quelle autorité relève-t-on ?

Entrepreneurs individuels exerçant une activité commerciale Sociétés commerciales (SARL, SA, EURL, SNC…) n'ayant pas un objet artisanal	**Chambre de commerce et d'industrie**
Entrepreneurs individuels et sociétés exerçant une activité artisanale	**Chambre de métiers et de l'artisanat**
Entreprises immatriculées au registre de la batellerie artisanale	**Chambre nationale de la batellerie artisanale**
Sociétés civiles (SCI, SCM, SCP…) Sociétés d'exercice libéral (SELARL, SELAFA, SELCA) Agents commerciaux (personnes physiques) Groupements d'intérêt économique (GIE)	**Greffe du Tribunal de commerce**
Entrepreneurs individuels membres d'une profession libérale (réglementée ou non)	**Urssaf**
Artistes-auteurs assujettis à la TVA, à l'impôt sur le revenu au titre des BIC ou à l'IS et qui ne relèvent pas des catégories ci-dessus (sociétés en participation, associations, loueurs en meublé…)	**Service des impôts**
Entreprises exerçant, à titre principal, des activités agricoles	**Chambre d'agriculture**

Source APCE 2010

En résumé

Les formalités de création consistent en la déclaration de son activité auprès des organismes officiels pour obtenir une existence légale. Selon les situations, on relève d'autorités différentes.

Insight

Set-up formalities consist of declaring the company to the official bodies in order for it to exist on a legal footing. Different types of company depend on different bodies.

Pourquoi l'utiliser ?

Objectif

- Déclarer son activité et demander son immatriculation :
  - au répertoire national des entreprises (RNE) tenu par l'Insee ;
  - au **registre du commerce et des sociétés** (RCS), tenu par le greffe du tribunal de commerce pour les activités commerciales ou les sociétés ;
  - au **répertoire des métiers** (RM), tenu par la chambre des métiers et de l'artisanat (CMA) pour les activités artisanales.
- S'identifier auprès des administrations (services fiscaux et organismes sociaux) avec lesquels l'entreprise est en contact au quotidien.
- Obtenir une preuve de son existence pour continuer les démarches auprès de la banque, d'une agence immobilière, d'une assurance, d'un fournisseur, etc.

Les formalités permettent d'obtenir une existence légale.

Contexte

Les formalités de création sont plus simples maintenant. Le **centre de formalités des entreprises** (CFE) est l'interlocuteur unique (CFE de la CCI, CFEnet, CFE Urssaf pour les professions libérales et CFE Métiers pour les artisans). Il convient de déposer la demande d'immatriculation appelée « liasse fiscale » (avec tous les documents demandés) au CFE qui agit comme un guichet unique, centralise les pièces du dossier les transmet aux différents organismes et administrations intéressés par la création de l'entreprise.

Depuis le 1er janvier 2010, il est possible de s'enregistrer en ligne sur le site www.guichet-entreprises.fr.

Comment l'utiliser ?

Étapes

- Pour enregistrer une nouvelle entreprise, il faut savoir **de quelle autorité l'activité relève** pour contacter le bon organisme (voir le tableau page précédente).
- **S'immatriculer via le CFE ou en ligne.**
- Une fois immatriculée, l'entreprise obtient **un extrait de Kbis**, nécessaire pour continuer à démarrer son activité, avec :
  - un numéro unique Siren (« en » pour « entreprise ») et un ou plusieurs numéros Siret (« et » pour « établissement »), délivrés par l'Insee ;
  - un code d'activité APE (activité principale de l'entreprise) de la nomenclature NAF (nomenclature des activités françaises), délivré également par l'Insee ;
  - un numéro unique d'identification (établi à partir du numéro Siren) à utiliser dans les relations avec les organismes publics et les administrations ;
  - un numéro de TVA intracommunautaire.

Méthodologie et conseils

- Le site www.guichet-entreprises.fr donne des informations pour accomplir toutes les formalités administratives et propose des fiches pratiques sur les activités.
- Le CFE compétent est celui de son siège social. ■

Avantages

✔ Le CFE est un guichet unique, la procédure est plus simple et plus rapide.

✔ L'immatriculation en ligne permet de gagner du temps et de suivre l'avancement du dossier.

Précautions à prendre

✔ Les créateurs d'entreprises artisanales doivent effectuer un stage de préparation à l'installation.

✔ En cas d'exercice à domicile (pour démarrer ou pour certaines activités de services), des précautions doivent être prises par rapport au propriétaire, à la copropriété.

✔ Garder un double de tous ces dossiers.

Les assurances

Les différents types de contrats

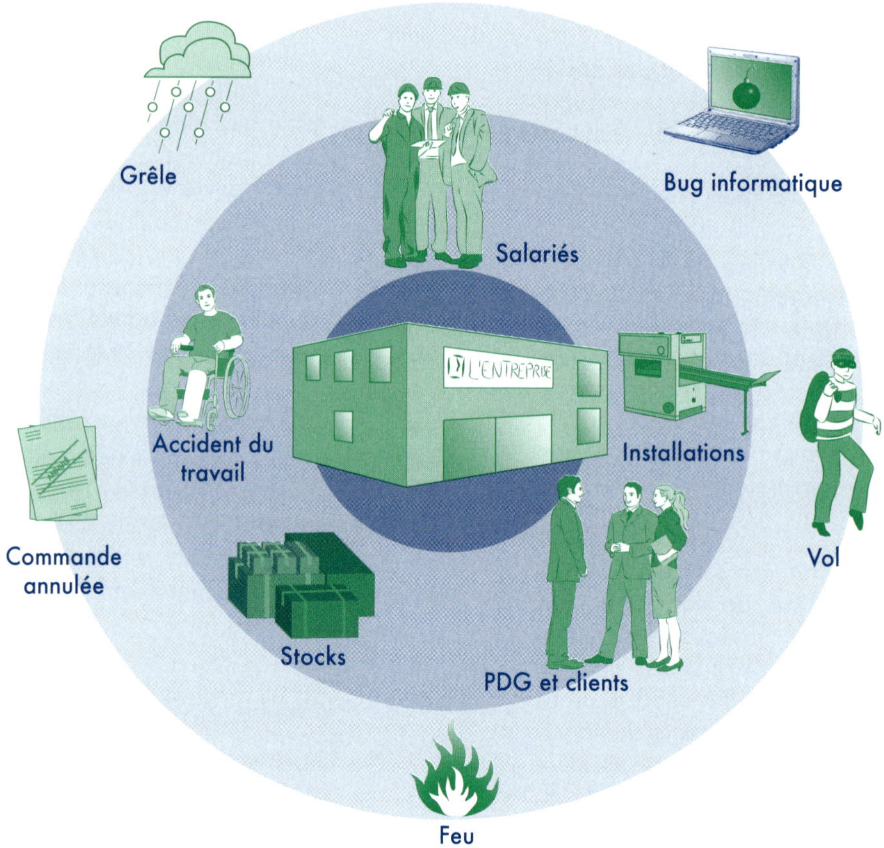

En résumé

S'assurer est une nécessité pour une entreprise, notamment pour une nouvelle entreprise, plus vulnérable. Les assurances sont un sujet très sérieux à étudier AVANT de démarrer et non pas seulement en cas de sinistre. Certaines assurances sont obligatoires et d'autres sont nécessaires. Distinguer les types de risques permet d'assurer les biens mais aussi l'activité de l'entreprise ainsi que toutes les personnes qui y travaillent.

Insight

Insurance is vital for all companies, especially start-up companies, which are relatively vulnerable. The subject of insurance must be addressed BEFORE the company starts trading, rather than in reaction to an accident, for example. Some types of insurance are obligatory, while others are necessary. Distinguishing specific types of risk makes it possible to insure not only goods, but also the activity of the firm and all the people who work in it.

Pourquoi l'utiliser ?

Objectif

Se garantir en responsabilité civile, se prémunir contre une baisse d'activité (par exemple liée à la défaillance d'un gros client), contre des salariés indélicats (qui pourraient partir avec des secrets ou des codes informatiques), et s'organiser pour ne pas tout perdre en cas de gros sinistre et permettre de s'organiser pour démarrer à nouveau l'activité au plus vite.

Contexte

Une entreprise est constamment exposée à des risques. Certains pèsent sur ses biens (immeubles, matériel, véhicules, etc.) ou sur son activité (baisse de chiffre d'affaires suite à un sinistre, fournitures de produits non conformes, etc.). D'autres pèsent sur les personnes (salariés et chef d'entreprise). Tous ces risques s'assurent, même si « l'assurance 100 % » n'existe pas.

Bien assuré, l'entrepreneur peut se concentrer sur l'exercice de son activité « l'esprit libre ».

Comment l'utiliser ?

Étapes

• Distinguer les types de risque pour trouver l'assurance appropriée.

• Assurer les biens de l'entreprise. Le contrat type est le « multirisques professionnels ». Il couvre les dommages causés à l'ensemble de l'exploitation : incendie, dégâts des eaux, tempête, grêle et catastrophes naturelles. Le contrat contre le vol précise les biens concernés et les montants. Si les stocks subissent de grandes variations, une « assurance en compte courant » est intéressante.

• Assurer l'activité de l'entreprise. Les contrats de « responsabilité civile exploitation » et de « responsabilité civile des produits livrés » couvrent l'entreprise si elle cause un dommage et l'assurance « pertes d'exploitation » la protège si elle subit un dommage. Le contrat de « protection juridique » intervient en cas de problèmes juridiques ou administratifs.

• Assurer les salariés de l'entreprise. Les risques « décès », « incapacité/invalidité » ainsi qu'une mutuelle sont les contrats les plus fréquents.

• Assurer le dirigeant par une « garantie sociale chef d'entreprise » le prémunit dans son activité de dirigeant.

Méthodologie et conseils

• Négocier la date d'entrée en vigueur de la garantie. En principe, elle prend effet au jour de la signature du contrat mais elle peut être avancée ou reculée en fonction des besoins.

• S'adresser à un intermédiaire, agent d'assurances ou courtier ou contacter une assurance sans intermédiaire. Comparer les prix et les garanties sur les sites comparateurs avant de s'engager.

• Se renseigner sur les procédures en cas de sinistre et organiser la protection des documents importants.

• À la suite d'un sinistre, contacter son assureur pour obtenir les informations nécessaires à la déclaration et accélérer l'indemnisation. ■

Avantages

✔ Souscrire plusieurs contrats permet de se prémunir de la majorité des risques. Cela permet d'éviter de grosses difficultés éventuelles avant d'être une charge.

Précautions à prendre

✔ Imaginer « le pire » pour anticiper toutes les situations.

✔ Bien vérifier les conditions et les garanties et les comparer.

✔ Négocier les contrats (clauses, personnes et biens visés, montants, modes d'indemnisation).

✔ Garder en lieu sûr tous les documents cruciaux et dématérialiser.

✔ Certaines activités (réglementées notamment) nécessitent des assurances particulières.

Les premières démarches

Les formalités

Externes	Signature des statuts par les associés et désignation du dirigeant. Faire **enregistrer les statuts** auprès des services des impôts (en 4 exemplaires). Publier un avis de constitution dans un journal d'annonces légales.
	Faire appel à un **commissaire aux apports** si le créateur ou un des associés apportent des biens en nature (montant maximum 7 500 € sans dépasser la moitié du capital social).
	Négocier avec **une banque** les taux et les modalités de fonctionnement. Déposer les fonds des apports sur un compte bloqué pendant la période d'immatriculation. Ensuite, définir qui aura la signature auprès de la banque.
	Se **mettre en règle** avec tous les organismes et notamment sociaux (Urssaf). L'adhésion à une caisse de retraite de salariés est obligatoire dans les 3 mois suivant l'immatriculation (même si vous n'avez aucun salarié).
	Se faire connaître de **la Poste** et souscrire un **abonnement téléphonique** et **Internet**.
Internes	Signer les **premiers contrats** avec les clients et passer les premières **commandes** nécessaires au démarrage de l'activité.
	Créer les **documents commerciaux** : papier à en-tête, modèle de facture, cartes de visites, documentation, site Internet.
	Organiser des **outils de gestion** : tableaux de bord
	S'**installer** et aménager.
	Embaucher.

En résumé

Après avoir déclaré l'entreprise et avant d'exercer réellement son activité, quelques démarches sont nécessaires. Certaines doivent être faites auprès de tiers (la banque, les fournisseurs, etc.) ; d'autres concernent le fonctionnement interne de l'entreprise (documents commerciaux, outils de gestion).

Insight

After setting up the company administratively, but before really starting to trade, a number of initial steps need to be taken. Banks and suppliers must be approached and commercial documents and management tools need to be drawn up and implemented.

Pourquoi l'utiliser ?

Objectif

Être prêt le « jour J », à la fois vis-à-vis des tiers mais aussi en interne. Toute la planification a anticipé ce jour (production, ouverture des locaux, communication) et il est donc primordial que tout soit prêt correctement.

Contexte

Pour **exister en tant que personne morale**, l'entreprise doit effectuer un certain nombre de démarches vis-à-vis des organismes publics, services des impôts et banque. Ces démarches lui permettront alors d'acheter et de facturer comme toute entreprise installée de longue date. Pour fonctionner, elle doit aussi mettre en place des procédures de fonctionnement.

Les premières démarches sont nécessaires pour exister concrètement et démarrer l'activité.

Comment l'utiliser ?

Étapes

- **Effectuer toutes les démarches vis-à-vis des tiers et des partenaires** (impôts, Urssaf, banque, la Poste, opérateur de téléphonie, clients et fournisseurs). Toutes ces démarches, parfois longues et fastidieuses, sont vraiment nécessaires pour démarrer son activité. Les planifier et les exécuter soigneusement fait gagner du temps.
- Imaginer l'organisation concrète interne et notamment tous les **documents commerciaux** qui font partie de la communication avec les tiers.
- Définir des **outils de gestion simples** (tableaux de bord) qui permettront de suivre l'activité (comparaisons réalisations/prévisions, analyse des écarts) et d'envisager le développement de l'entreprise. Exemples de tableaux de bord : ventes, achats, productivité, stocks, clients gagnés, etc.
- Emménager et agencer **les locaux** selon le plan défini dans l'étape précédente.
- **Embaucher** les premiers salariés selon le plan défini dans l'étape précédente.

Méthodologie et conseils

- Certaines mentions obligatoires doivent figurer sur les documents commerciaux comme la dénomination de l'entreprise, la forme juridique avec le montant du capital social, le numéro unique d'identification communiqué par l'Insee.
- Définir les « conditions générales de vente » qui doivent figurer au verso des factures. ■

Avantages

- ✔ Donner une existence concrète à l'entreprise pour lui permettre de démarrer concrètement son activité à la date déterminée dans le business model.
- ✔ Mettre en place tous les outils de gestion qui serviront au quotidien et feront gagner du temps.

Précautions à prendre

- ✔ Créer une entreprise est simple, la faire vivre correctement demande une bonne organisation.
- ✔ Les factures doivent comporter des mentions particulières pour être reconnues valables.
- ✔ La banque est un partenaire actif, les taux ne sont pas les seuls arguments à prendre en compte dans le choix de sa (ou ses) banque mais la qualité de la relation.
- ✔ Réfléchir aux avantages et inconvénients d'avoir plusieurs banques au démarrage.

Le statut juridique

Dans le but de préparer la création de son entreprise dans les meilleures conditions, et après avoir défini son business et planifié l'organisation et le démarrage, la neuvième étape suivante consiste à choisir le statut juridique le plus adapté à son projet.

Un cadre juridique

Choisir un statut donne un cadre juridique à l'activité, qui lui-même renvoie à un certain nombre d'obligations (légales, fiscales, comptables).
Il n'existe pas de statut juridique idéal. Le choix du statut est personnel et dépend de nombreux facteurs tels que l'ambition et les aspirations du créateur pour sa future entreprise, mais aussi son âge, sa situation familiale et patrimoniale, le régime social dont elle/il souhaite bénéficier, le capital requis pour démarrer et le nombre de personnes avec qui elle/il crée l'entreprise.
Il existe aussi quelques obligations « externes à l'entreprise » : un débit de tabac ne peut être ouvert juridiquement que par un entrepreneur individuel ou bien faire des affaires au Royaume-Uni et aux USA ne peut se faire qu'avec le statut de SA, la SARL n'étant pas reconnue.

Choisir entre la forme sociétale ou EIRL ou auto-entrepreneur

Créer une entreprise sous le régime des sociétés est une sécurité par rapport au statut de l'entreprise individuelle (EI). En effet, en choisissant le statut d'entreprise individuelle, le créateur et l'entreprise ne forment plus qu'une seule et même personne. Cela veut dire une grande liberté d'action mais aussi en contrepartie, une confusion juridique des patrimoines, ce qui est particulièrement dangereux.

D'ailleurs, le législateur vient de prévoir deux nouveaux statuts qui gomment cette énorme difficulté. Le premier est celui du régime de **l'auto-entrepreneur** qui simplifie toutes les formalités et, à partir du 1er janvier 2011, de celui de l'**EIRL Entrepreneur individuel à responsabilité limitée**.
La part des créations sous régime sociétaire est passée de 50 % à 25 % en 2009, suite au transfert de nombreuses créations sous le régime de l'auto-entrepreneur. Mais les dix derniers mois montrent que les formes sociétales sont à nouveau en augmentation.
Dans la suite de ce dossier, il ne sera donc question que des statuts de **sociétés** et des deux nouveaux régimes que sont l'**auto-entrepreneur** et l'**EIRL**.

Le régime sociétal

Choisir le régime de la **société** permet de créer une personne morale – la société – indépendante du créateur du point de vue juridique et fiscal. La société aura un patrimoine distinct du patrimoine du créateur. Aussi, en cas de difficultés de l'entreprise (et sauf erreurs graves de gestion), les biens personnels de l'entrepreneur ne seront pas touchés.
La société aura un nom (dénomination sociale), un domicile (siège social) et un capital initial (patrimoine de départ). Elle sera imposée au titre de l'impôt sur les sociétés (IS). Les formalités de création dépendront du statut choisi, mais les statuts une fois rédigés devront être enregistrés au service des impôts et faire l'objet d'une parution dans un journal d'annonces légales.
Les ressortissants des pays non-membres de la communauté européenne doivent remplir un certain nombre de conditions particulières.
Les statuts les plus fréquemment choisis sont ceux de la **SARL** société à responsabilité limitée, de l'**EURL** Entreprise unipersonnelle à responsabilité limitée d'une part et la **SA** société anonyme ou **SAS** société anonyme simplifiée d'autre part.
Dans tous les cas, il est judicieux de signer un **pacte d'actionnaires** qui organise les relations entre chaque actionnaire du projet.

Des informations précises et actualisées sur chaque statut sont disponibles sur le site www.guichet-entreprises.fr et sur celui de l'APCE, www.apce.com.

Les OUTILS

Outil 37

Le régime de l'auto-entrepreneur

Qu'est-ce qu'un auto-entrepreneur ?

Auto-entrepreneur

C'est un entrepreneur individuel.

Il bénéficie d'un régime très simplifié.

L'auto-entrepreneur doit relever du régime fiscal de la micro-entreprise, c'est-à-dire réaliser un chiffre d'affaires qui ne doit pas dépasser en 2010 :
- 80 300 € pour une activité commerciale (vente de marchandises, d'objets, de fournitures, de denrées à emporter ou à consommer sur place ou pour une activité de fourniture de logement).
- 32 100 € pour les prestations de services relevant de la catégorie des bénéfices industriels et commerciaux (BIC) ou des bénéfices non commerciaux (BNC).

Le taux de cotisation et d'impôt sur le revenu est fixé de manière définitive à :
- Activité commerciale : 13 %.
- Activité de services : 23 %.
- Activité libérale (architecte) : 20,50 %.

L'entreprise est en franchise de TVA (pas de facturation, ni de récupération de TVA).

En résumé

L'auto-entrepreneur est avant tout un entrepreneur individuel, inscrit comme tel auprès du registre national des entreprises (RNE), mais bénéficiant de nombreuses mesures simplificatives.

L'activité déclarée sous le régime de l'auto-entrepreneur peut être exercée à titre principal pour un chômeur ou complémentaire pour un salarié du privé ou du public, un retraité ou un étudiant.

Insight

The auto-entrepreneur is, above all, an individual entrepreneur, listed as such in the National Register of Enterprises (RNE), but benefiting from a number of simplifying measures. The activity declared under the auto-entrepreneur regime can be the principal activity for unemployed people, or a complementary activity in the case of employees in the private or public sectors, and for retired people and students.

Pourquoi l'utiliser ?

Objectif

Tester son projet mais en ne prenant quasiment aucun risque ou compléter ses revenus par une activité complémentaire déclarée très simplement (cours à domicile donnés par des étudiants, création de sites web pour un informaticien, entretien de jardin ou plomberie pour un retraité, etc.).

Contexte

La loi de modernisation de l'économie (LME) du 4 août 2008 pour stimuler la croissance a créé ce nouveau régime. Depuis 1er janvier 2009, le régime de l'auto-entrepreneur permet de créer sa propre entreprise simplement et rapidement. Plus de 570 000 créations sous ce régime ont déjà été enregistrées, soit plus de la moitié des créateurs d'entreprises. Dans les services, deux créateurs sur trois sont des auto-entrepreneurs.

Tester son idée, commencer son activité ou exercer une activité secondaire est possible comme auto-entrepreneur.

• Au moment de l'adhésion, l'auto-entrepreneur choisit de déclarer et payer ses cotisations et éventuellement l'impôt sur le revenu mensuellement ou trimestriellement.

• L'option auto-entrepreneur est prise au moment de la déclaration d'activité. **On peut quitter l'option à tout moment**, même avant le dépassement du CA.

Méthodologie et conseils

• Cette possibilité nouvelle est parfaite pour tester un projet avant de se lancer « réellement » **dans le cas d'une activité principale**. C'est un **régime** que l'on doit alors considérer comme **transitoire**. Pour une activité complémentaire, sa simplicité est un véritable atout.

• Un entrepreneur individuel déjà en activité peut, sous certaines conditions, opter pour ce régime et ainsi éviter les désagréments de son statut.

Comment l'utiliser ?

Étapes

• **Vérifier si l'activité envisagée peut bénéficier de ce régime.** Certaines professions en sont exclues comme celles qui relèvent de la TVA immobilière.

• **Remplir le formulaire de déclaration d'activité** spécifique auto-entrepreneur et le transmettre en ligne sur www.lautoentrepreneur.fr, en joignant un justificatif d'identité.

• À défaut, la déclaration d'activité peut être imprimée et transmise au CFE avec un justificatif d'identité.

• Dans le cas d'un entrepreneur individuel déjà en activité, le formulaire de la demande d'adhésion peut être également rempli et transmis en ligne sur www.lautoentrepreneur.fr.

Avantages

✔ Inscription en ligne gratuite sur le site www.lautoentrepreneur.fr, simple et rapide.

✔ En l'absence de chiffre d'affaires, aucune déclaration et aucun paiement à faire.

Précautions à prendre

✔ Cette solution ne peut être pérenne pour une activité exercée à titre principal. Un changement de statut s'imposera dès que l'entreprise fonctionnera bien.

✔ Aucun organisme ne peut demander de payer pour s'enregistrer, l'inscription est totalement gratuite !

✔ Le régime de l'auto-entrepreneur ne dispense pas de l'obtention d'une qualification pour les métiers artisanaux.

✔ Tenir les documents simplifiés à jour.

La nouvelle EIRL

L'Entreprise Individuelle à Responsabilité Limitée

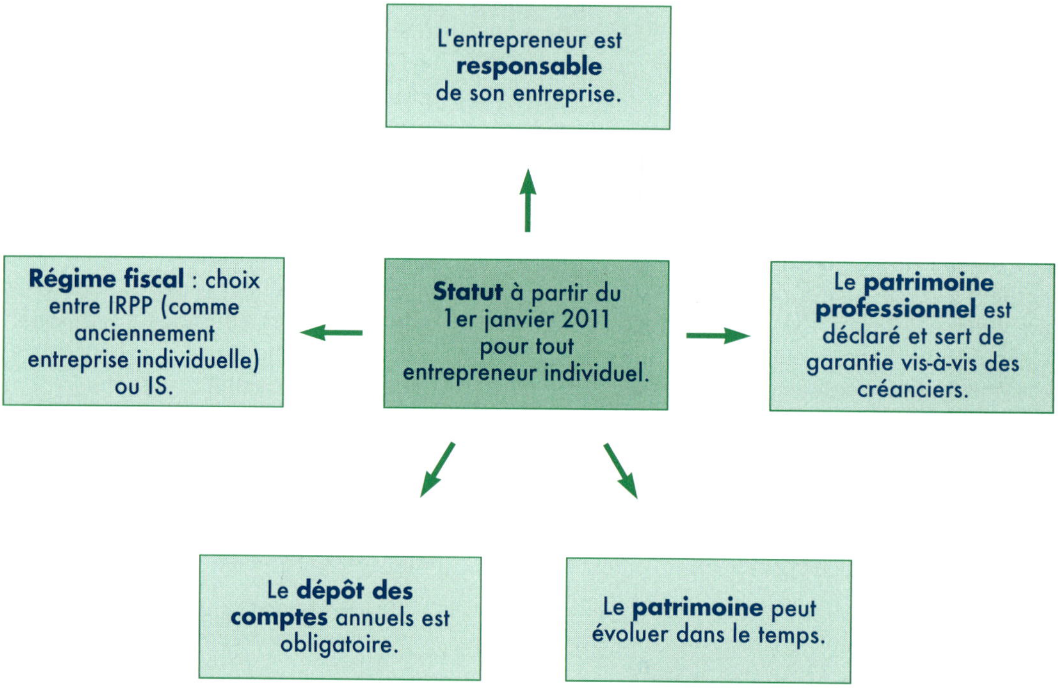

En résumé

L'EIRL est une entreprise individuelle qui a la particularité de limiter la responsabilité de l'entrepreneur individuel au montant de son patrimoine professionnel. Ce n'est pas à proprement parler une nouvelle forme juridique mais une variante de l'entreprise individuelle.

Tout entrepreneur individuel peut créer une EIRL ; à l'inverse, créer une EIRL, c'est créer une entreprise individuelle.

Insight

An EIRL (Limited liability individual enterprise) is an individual enterprise in which the liability of the entrepreneur is limited to the value of his or her professional assets. The EIRL is not technically a new legal status but a variant on the individual enterprise.

All individual entrepreneurs can set up an EIRL ; however, setting up an EIRL means setting up an Individual Enterprise.

Pourquoi l'utiliser ?

Objectif

L'EIRL est destiné aux entrepreneurs individuels pour leur permettre de mieux protéger leur patrimoine personnel et pour permettre aux entreprises individuelles de bénéficier du régime fiscal des sociétés. Il concerne les artisans, les commerçants, les professions libérales, les agriculteurs et les artistes.

Contexte

Annoncée en décembre 2009, et adopté le 12 mai 2010, ce nouveau régime s'appliquera à partir du 1er janvier 2011 en vue d'inciter à la création d'entreprise en rapprochant le régime de l'entreprise individuelle de celui des sociétés, notamment de l'EURL, beaucoup plus favorables et moins risqués pour le patrimoine de l'entrepreneur.

Le dernier né des statuts qui rapproche l'entreprise individuelle des sociétés.

• Pour les activités artisanales, les stages professionnels demeurent obligatoires.
• À terme, l'EIRL viendra remplacer totalement le statut d'entreprise individuelle.
• Ce nouveau statut ne s'appliquera qu'à partir de 2011. De ce fait, on manque de recul quant à sa mise en œuvre. ■

Comment l'utiliser ?

Étapes

• Lister tous **les éléments de son patrimoine consacré à l'entreprise** dans un document appelé la déclaration d'affectation EIRL. Cette liste sera publiée pour informer les créanciers professionnels de l'étendue des garanties de l'entrepreneur. Seul ce patrimoine professionnel sera pris en compte, ce qui protège le patrimoine personnel.
• L'enregistrement se fait au CFE.
• Un commissaire aux apports doit être désigné si le patrimoine professionnel dépasse 30 000 €.

Méthodologie et conseils

• Vérifier les clauses de ce nouveau texte pour être certain de pouvoir en bénéficier.

Avantages

✔ Protège le patrimoine privé de l'entrepreneur.

✔ Permet un arbitrage entre rémunération et dividendes.

✔ La garantie Oséo est possible à hauteur de 70 % des crédits.

Précautions à prendre

✔ Beaucoup d'imprécisions existent sur ce statut, qui est très nouveau. Consulter les deux sites dédiés pour avoir les derniers détails d'application www.l-eirl.fr et www.entrepreneur-individuel.fr.

✔ La protection du patrimoine n'est pas parfaite mais nettement meilleure qu'auparavant.

✔ Son application est trop récente pour permettre un jugement complet.

Outil 39

La SARL et l'EURL

La Société à Responsabilité Limitée et l'Entreprise Unipersonnelle à Responsabilité Limitée

SARL	EURL
Nombre d'associés : minimum 2, maximum 100 (personnes physiques ou morales).	**Nombre d'associés** : 1(personnes physique ou morale).
La **direction de l'entreprise** est assurée par un gérant personne physique : l'unique associé (ou un tiers) pour l'EURL, et par un ou plusieurs co-gérants pour la SARL (associés ou tiers).	
Le **régime social** du dirigeant minoritaire* ou égalitaire d'une SARL (moins de 50% du capital) est rattaché au régime général de la sécurité sociale des salariés, celui du gérant majoritaire* est celui de travailleur non-salarié.	Le **régime social** du gérant unique associé de l'EURL est celui des travailleurs non-salariés. Si le gérant est un tiers, il sera considéré comme assimilé salarié.
Le gérant représente l'entreprise et prend les **décisions courantes**. Les **décisions stratégiques** doivent être approuvées par les autres associés.	Le gérant repésente l'entreprise et prend **toutes les décisions**.
Imposition : IS.	**Imposition** : IRPP (option pour IS).
Libération du capital : le capital peut être libéré progressivement. À la création, le minimum est d'un cinquième. Ensuite, le solde peut être libéré en une ou plusieurs fois dans un délai de 5 ans.	
Commissaire aux comptes : pas obligatoire (sauf si l'entreprise compte plus de 50 salariés).	
Le dirigeant est responsable **civilement et pénalement**. La **responsabilité des associés** est limitée à leurs apports (faute de gestion).	
La **cession des parts sociales** est possible.	

* Le gérant de la SARL est considéré comme **majoritaire** s'il détient, avec son conjoint (quel que soit son régime matrimonial), son partenaire lié par un pacte civil de solidarité, ses enfants mineurs et les autres cogérants, plus de 50% du capital de la société. Dans le cas contraire, il aura le statut de gérant **minoritaire**.

En résumé

Les projets personnels de création d'entreprise ont à leur disposition le statut de l'entreprise unipersonnelle à responsabilité limitée (EURL). Tous les autres projets, avec un minimum de deux associés, peuvent opter pour le statut le plus répandu, celui de la société à responsabilité limitée (SARL).

Ces statuts ont l'avantage de protéger le créateur qui n'est responsable que dans la limite de ses apports.

Insight

Individuals setting up their own company can choose the status of Uni-personal limited liability enterprise (EURL). All other projects, with a minimum of two partners, can opt for the more widely used status of Limited Company (SARL). Both have the advantage of protecting the entrepreneur, who is only liable for the contributions that he or she has made to the company.

Pourquoi l'utiliser ?

Objectif

Se doter d'un cadre juridique qui assure les meilleures conditions d'exercice de l'entreprise et lui permet de se développer, tout en protégeant au mieux le créateur. Sa responsabilité, sauf exception, est limitée au montant de ses apports.

Contexte

Le nombre d'immatriculation de sociétés a baissé entre 2008 et 2009, du fait de la création du régime de l'auto-entrepreneur. Cependant, le statut de SARL est celui qui attire le plus les créateurs : 85 % des sociétés ont choisi ce statut en 2009 (en baisse de 6 % par rapport à 2008). L'EURL a été choisi dans 18 % des cas.

La SARL est le statut de société le plus souvent choisi pour sa souplesse.

Comment l'utiliser ?

Étapes

- Envisager le mode de fonctionnement le plus cohérent et le plus simple avec son activité.
- Réunir les **capitaux de départ et le nombre d'associés** pour la SARL. Depuis la loi du 6 août 2003, le montant du capital social est librement fixé par les associés en fonction de la taille, de l'activité et des besoins en capitaux de l'entreprise. L'ancien montant de 7 500 € pour une SARL est à recommander.
- Se faire aider par un juriste ou par un réseau d'accompagnement à la création d'entreprise.
- Les statuts doivent être signés par tous les associés et enregistrés au service des impôts.
- Faire appel à un commissaire aux apports, lorsque les associés apportent des biens autres que de l'argent au capital de la société.
- Décider des **étapes de libération du capital**.
- Déposer les fonds constituant les apports en espèces sur un compte bloqué pendant le temps nécessaire à l'immatriculation de la société.
- **Désigner le ou les premiers dirigeants.**
- Publier un avis de constitution dans un journal d'annonces légales.

Méthodologie et conseils

- Se simplifier les choses en optant pour le statut qui correspond le mieux à ses ambitions et à son projet.
- Utiliser les trames de statuts disponibles sur Internet et les aménager selon ses besoins. ■

Avantages

- ✔ Les formalités de création ont été considérablement simplifiées grâce à la mise en place des CFE et de la possibilité d'immatriculation en ligne depuis 2010 sur le site www.guichet-entreprises.fr.
- ✔ Ces deux statuts sont simples et facilitent le fonctionnement des entreprises.

Précautions à prendre

- ✔ Distinguer le capital social nécessaire juridiquement et les besoins financiers nécessaires pour démarrer l'activité qui peuvent être nettement supérieurs en cas de projet de production ou high-tech.
- ✔ Créer une EURL ou une SARL à 1 € n'est pas sérieux.
- ✔ Se renseigner sur les exceptions qui augmentent la responsabilité du dirigeant (engagement de caution, comblement de passif, responsabilité fiscale et sociale et faute de gestion).

La SA et la SAS

La société anonyme et la SA simplifiée

SA	SAS
Nombre d'associés : 7 minimum.	**Nombre d'associés** : 1 minimum.
Capital : montant libre (minimum 37 000 € et 225 000 € en cas d'appel à l'épargne publique), libéré suivant les besoins.	**Capital** : montant libre, 50 % libéré à la constitution, solde avant 5 ans.
Dirigée par un **conseil d'administration (CA)** composé de 3 à 18 membres actionnaires. Le **président** est désigné par le CA parmi ses membres et un **directeur** peut être nommé pour représenter la société.	La SAS détermine dans les statuts ses **modes d'organisation** et doit nommer un **président**.
La **responsabilité** des associés est **limitée** à leurs apports.	
La **responsabilité** du dirigeant est **civile et pénale**.	
Mode d'imposition : IS.	
Le **régime social** du président et DG de la SA et du président de la SAS est rattaché au régime général de la sécurité sociale des salariés..	
Commissaire aux comptes : obligatoire.	**Commissaire aux comptes** : libre de choix.
La **cession d'actions** est possible.	

En résumé

Dans le cas de certaines activités (notamment à l'export ou en relation avec l'étranger) ou de projets capitalistiquement importants (projets innovants, technologiques), le statut de société anonyme (SA) est à privilégier.

Pour des projets où les actionnaires sont nombreux, avec plusieurs tours de tables nécessaires (projets technologiques innovants), une plus grande liberté peut être souhaitée dans le mode de fonctionnement de l'entreprise : dans ce cas, le statut de la société anonyme simplifiée (SAS) est à préférer.

Insight

The status of Limited company (SA) is appropriate to certain activities, notably including export markets and transactions with foreign countries, and projects involving substantial amounts of capital (innovative or high-tech projects).

For projects involving a substantial number of shareholders, with several pools of investors (innovative technological projects), more flexibility may be required in terms of how the firm is run ; in this case, the status of Simplified public limited company (SAS) is preferable.

Pourquoi l'utiliser ?

Objectif

Se doter d'un cadre juridique qui assure les meilleures conditions d'exercice de l'entreprise et lui permet d'envisager son activité dans le futur en se développant.

Contexte

Le nombre d'immatriculation de sociétés a baissé entre 2008 et 2009, du fait de la création du régime de l'auto-entrepreneur. En 2009, les SAS représentent 8 % des créations de sociétés (en augmentation de 119 % depuis 2008) et les SA moins de 5 % (en augmentation de 2 %).

La SA et la SAS sont les statuts des projets à fort potentiel de développement.

Méthodologie et conseils

- Ne pas chercher à se compliquer la vie avec des statuts complexes. L'écriture des statuts de la SAS est particulièrement complexe et longue. Elle doit être confiée à un spécialiste et son coût n'est pas négligeable.
- En revanche, essayer de tout prévoir (notamment les situations difficiles mais aussi les besoins de fonds supplémentaires en cas de croissance et de succès) pour les anticiper et les écrire. ■

Comment l'utiliser ?

Étapes

- Envisager le mode de fonctionnement le plus cohérent avec son activité.
- Réunir les **capitaux de départ** et le **nombre d'associés** pour la SA.
- Imaginer le **mode de fonctionnement** à établir dans le cas d'une **SAS**.
- Se faire aider par un juriste dans les deux cas.
- Les statuts doivent être signés par tous les associés et enregistrés au service des impôts.
- Faire appel à un commissaire aux apports, lorsque les associés apportent des biens autres que de l'argent au capital de la société.
- Déposer les fonds constituant les apports en espèces sur un compte bloqué pendant le temps nécessaire à l'immatriculation de la société.
- **Désigner le ou les premiers dirigeants.**
- Publier un avis de constitution dans un journal d'annonces légales.

Avantages

- ✔ Le statut de SAS autorise une grande liberté dans l'écriture des statuts ce qui facilite l'évolution des projets qui demandent le recours à plusieurs tours de tables successifs.
- ✔ La SA peut avoir recours à l'épargne publique pour assurer sa croissance. Mais son écriture nécessite le recours à un spécialiste, ce qui est coûteux.
- ✔ La SA donne confiance aux partenaires. Dans certains pays, c'est la seule structure reconnue.

Précautions à prendre

- ✔ Distinguer le capital social nécessaire juridiquement et les besoins financiers nécessaires pour démarrer l'activité.
- ✔ La SAS ne peut avoir recours à l'épargne publique.
- ✔ La rédaction des statuts est longue et coûteuse dans la mesure où elle doit être confiée à un juriste spécialisé.

Outil 41 Le pacte d'actionnaires

Un document négocié

En résumé

Le pacte d'actionnaires est un document juridique confidentiel qui organise les relations entre les différents groupes d'actionnaires par la mise en place de mécanismes dont le but est de fixer des règles en termes de répartition des pouvoirs, de protection des actionnaires minoritaires et de réglementer les modifications de la répartition du capital social à l'occasion de cessions. Il complète les statuts (d'une SA ou SAS, rarement d'une SARL) et est signé entre les intéressés.

Insight

The shareholders agreement is a confidential legal document outlining the rules governing relations between various groups of shareholders in a given company by implementing mechanisms the aim of which is to define rules and regulate modifications to the way social capital is divided in the case of the sale of the company. It is an adjunct to the legal status of a company (of an SA or an SAS, but only rarely of an SARL) and is signed by the parties concerned.

Pourquoi l'utiliser ?

Objectif

Tout investisseur institutionnel qui entre dans une société demande la rédaction d'un pacte d'actionnaires car il traite à la fois de l'organisation du contrôle de la société par ses dirigeants et ses actionnaires, mais aussi principalement des différentes situations de sortie du capital. À chaque tour de table (arrivée de nouveaux investisseurs), un nouveau pacte est rédigé.

Contexte

Le pacte est tenu au principe du droit des contrats, à savoir qu'une convention ne peut être modifiée qu'avec l'accord de chacune des parties. De plus, il doit respecter les nombreuses règles d'ordre public.

Avant la lune de miel, rédiger un contrat de mariage pour organiser le fonctionnement de l'entreprise.

Méthodologie et conseils

• En cas de non-respect, le pacte d'actionnaires étant un contrat, la partie lésée peut engager une procédure auprès du tribunal de commerce ou du tribunal de grande instance. Le pacte peut également comporter des clauses d'arbitrage, permettant de résoudre le conflit plus rapidement.

Comment l'utiliser ?

Étapes

• Le pacte régit **différentes clauses** qui ont trait au capital social, à l'exercice du droit de vote et à l'organisation et au fonctionnement de la société.

• Le pacte peut notamment définir des règles de rachat particulières.

• Un capital-risqueur ou un business-angel exige un pacte d'actionnaire comportant en général les **clauses suivantes** : droit de préemption en cas de vente d'actions, droit de sortie conjointe, droit à l'information privilégiée. Certaines clauses peuvent interdire de vendre les actions pendant un certain temps, évitant la dilution en cas d'augmentation de capital, limitant la rémunération du dirigeant, etc.

Avantages

- ✔ Les pactes d'actionnaires vont en se simplifiant pour concerner les clauses essentielles.
- ✔ Si la société n'est pas cotée en bourse, il n'est pas public et peut donc rester secret, ce qui lui confère son principal intérêt.

Précautions à prendre

- ✔ Un pacte d'actionnaires se négocie, comme tout contrat !
- ✔ C'est un document juridique qui doit être rédigé soit par un juriste interne ou extérieur à la société, soit par les investisseurs eux-mêmes.
- ✔ La modification d'un pacte d'actionnaires impose un accord à l'unanimité des signataires.

• • •

Comment être plus efficace ?

Quel est le rôle du pacte d'actionnaires ?

Le pacte d'actionnaires va chercher à garantir la liquidité de l'entreprise, c'est-à-dire sa faculté de pouvoir être achetée ou vendue facilement. Quand un investisseur rentre dans une société, ce n'est pas uniquement pour toucher des dividendes mais surtout pour en sortir à un moment donné avec une plus-value.
Au final, la négociation du pacte d'actionnaires doit permettre de **protéger de manière équilibrée fondateurs et investisseurs**.

Quand y avoir recours ?

Le pacte fait donc partie intégrante des documents produits lors d'un **closing**, au même titre que la convention d'investissement, qui définit les modalités de la prise de participation des nouveaux actionnaires, et la garantie de passif, qui vise à garantir l'authenticité des éléments ayant permis de valoriser la société lors des négociations (propriété intellectuelle, absence de dettes cachées, respect des lois sociales, etc.). Quant à sa durée, seuls des éléments contractuels prévus dans le pacte peuvent le faire « sauter ». En effet, si en pratique les pactes sautent lors de cession de titres, d'introduction en bourse ou de nouveau closing, ce n'est pas automatique.

Quelles clauses spécifiques ?

• Les **clauses de contrôle des titres** ont pour objet d'assurer la liquidité de l'entreprise. Citons la *clause d'agrément*, qui oblige l'actionnaire qui souhaite céder ses parts à obtenir au préalable l'agrément de la société ; la *clause de préemption*, qui confère des droits prioritaires sur le rachat des parts qui seraient cédées par un autre actionnaire ; la *clause d'entraînement (« drag along »)*, qui permet d'obliger les minoritaires à céder leurs actions en même temps que les majoritaires, de sorte par exemple que les premiers ne bloquent pas une acquisition ; la *clause de sortie conjointe*, qui permet cette fois aux minoritaires d'exiger d'un cédant qu'il obtienne l'accord de l'acquéreur afin que ce dernier rachète également leurs actions, aux mêmes conditions ; la *clause de liquidité*, qui fixe un horizon défini aux fondateurs pour mener à bien la cession ou l'introduction en Bourse de la société, à défaut de quoi les investisseurs s'autorisent à mandater une banque d'affaires pour effectuer la cession ; ou encore la *clause de « buy or sell »*, la *clause de liquidation ou de cession préférentielle*, ou la *clause anti-dilution*.

• Les **clauses de contrôle de l'équipe dirigeante** permettent aux financiers de contrôler la manière dont leur argent est dépensé et de s'assurer de la bonne collaboration des fondateurs ou dirigeants, tout en ne s'impliquant pas dans la gestion directe de l'entreprise. Elles complètent les statuts, qui organisent souvent les sociétés financées en SA avec directoire et conseil de surveillance. Par le biais du pacte, les investisseurs imposent des *clauses d'information* préalable pesant sur les dirigeants, qui fixent des seuils ou des décisions pour lesquels l'accord des investisseurs est obligatoire. Le contrôle s'exerce également via des *clauses de non-concurrence et d'exclusivité*, et des *clauses de « bad leaver »* qui prévoient des sanctions si le dirigeant quitte la société dans certaines conditions.

Exemple d'un **Pacte d'actionnaires**

Entre les soussignés,
– M. , né le à demeurant
–
–
Ci-après dénommés les Fondateurs,
D'une part
Et
– XX,
– YY,
Ci-après dénommés les Investisseurs,
D'autre part
Exposé préliminaire
Les Investisseurs, entre lesquels il est dit qu'il n'existe pas de solidarité, apportent leur concours à la société…, société anonyme qui a pour activité essentielle… Et ci-après désignée la Société, sous la forme d'une participation à une augmentation de capital pour un montant de €.
Le capital de la Société s'élèvera à euros, divisé en actions de euros nominal et sera réparti de la façon suivante :

Actionnaires	Nombre d'actions	% détenu	Nombre d'obligations convertibles	Nombre de bons de souscription d'actions

Toute modification de la répartition du capital devra être portée à la connaissance des Investisseurs, sous peine que ces derniers annulent leur concours. Les Fondateurs déclarent n'être tenus par aucun autre pacte d'actionnaires.
Concomitamment à la signature du présent pacte d'actionnaires, il a été établi une convention ayant pour objet de régler les rapports entre les Investisseurs et la Société dont les Investisseurs et les Fondateurs déclarent avoir parfaite connaissance.
Le présent pacte a notamment pour objet de définir :
– Les modalités…
Cela exposé, les parties ont convenu de ce qui suit :
Article I : Droit de préemption réciproque
1. Principe général
2. Procédure
Article II : Droit de retrait
1. Principe général
2. Procédure
Article III : Clause d'exclusivité
Article IV : Clause anti-dilution
1. Principe général
2. Procédure
Article V : Extension aux investisseurs des avantages particuliers
Article VI : Transmission des engagements et durée du pacte d'actionnaires
Article VII : Clause d'arbitrage
Article VIII : Élection de domicile
Fait à…, le
En exemplaires originaux
Les investisseurs Les fondateurs

Outil 42 La franchise

Les apports respectifs

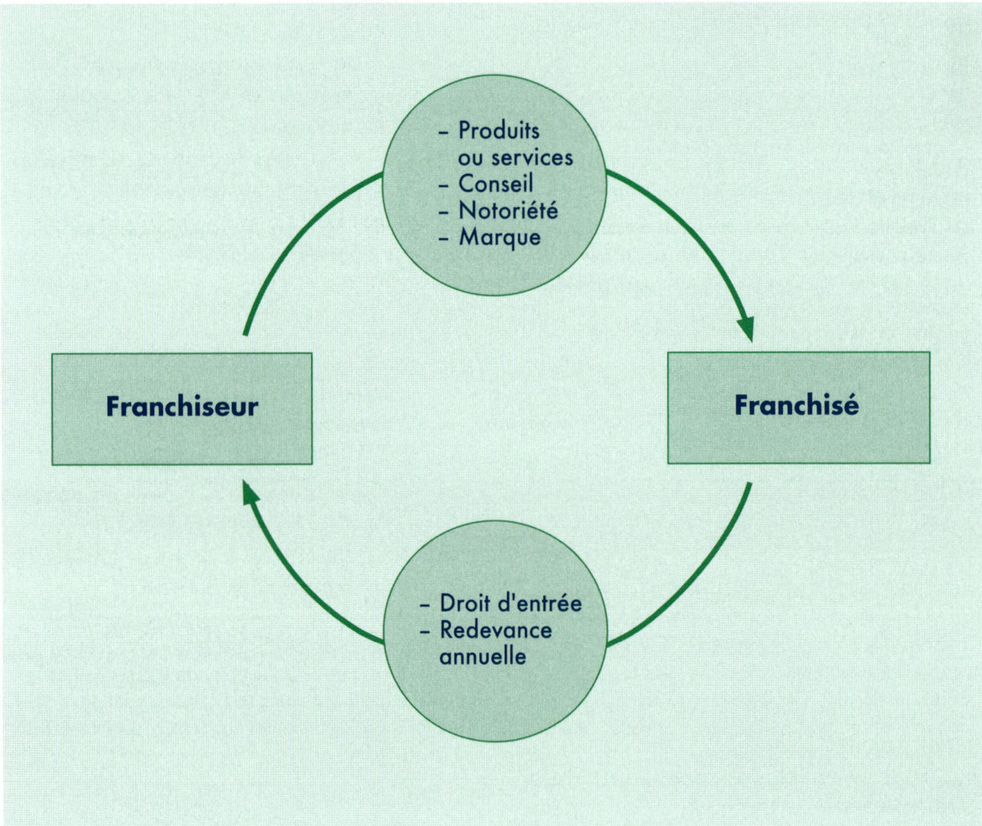

En résumé

La franchise est un contrat qui organise la collaboration entre deux sociétés :

– le franchiseur qui apporte son enseigne, ses produits ou services, logistique et conseils ;

– et le franchisé qui, moyennant un certain nombre d'obligations (financières, achats des produits chez le franchiseur ou chez des fournisseurs agréés, respect de règles), exploite le concept en commercialisant ces produits ou services en utilisant son nom.

Insight

Franchises are contracts between two companies : the franchiser, which provides its brand, its products and/or services, its logistical capabilities and its advice ; and the franchisee, which, by means of a certain number of obligations (financial obligations, purchasing products from the franchiser or from accredited suppliers, respecting the rules), exploits the concept by marketing those products and services using the franchiser's name.

Pourquoi l'utiliser ?

Objectif

Créer sans tout devoir réinventer. La franchise garantit un certain niveau d'activités. Cela permet aussi de partir dans l'aventure de la création sans être seul.

Contexte

La franchise repose sur **quatre clés de succès** : un emplacement finement choisi, une rentabilité avérée, un savoir-faire transmis par le réseau (formation et conseils) et l'anticipation de l'évolution du réseau (business model pertinent sur la durée du contrat de franchise).

La franchise est un outil de modernisation du commerce et de dynamisation des centres-villes. Vingt mille points de vente franchisés ont été créés depuis 10 ans.

Manière d'être entrepreneur mais accompagné en permanence.

Comment l'utiliser ?

Étapes

- Étudier ce qu'est le système de la franchise, les contrats, les obligations ainsi que les avantages et inconvénients. Des revues sont spécialisées sur la franchise.
- **Se renseigner auprès d'autres entrepreneurs franchisés** pour comprendre leur mode de vie et leur résultat.
- Faire le point avec sa famille car être franchisé, c'est devenir entrepreneur et donc un engagement pour soi et son entourage.
- **Choisir un secteur** (fleurs, immobilier, restauration, etc.) et rencontrer plusieurs enseignes de franchise pour comparer leurs propositions. Le Salon de la Franchise qui a lieu chaque année à Paris est un endroit idéal pour construire son projet.
- Contacter les franchiseurs et demander le **document d'information précontractuel DIP** (obligatoire depuis la loi Doubin) qui comporte toutes les clauses de la collaboration (droit d'entrée, redevance annuelle, obligations, etc.).

Méthodologie et conseils

- Consulter un avocat n'est pas superflu à ce stade.
- Se renseigner à nouveau auprès d'autres franchisés et ne pas écouter seulement le franchiseur
- Négocier le contrat d'entrée.
- Renégocier son contrat dans de bonnes conditions à chaque échéance.

Avantages

- ✔ Le franchisé est propriétaire de son entreprise.
- ✔ Il bénéficie de l'image de marque et de la réputation du franchiseur.
- ✔ Il bénéficie d'un système de gestion commerciale déjà testé.
- ✔ Il fait des économies d'échelle pour les achats et la publicité.
- ✔ Il bénéficie de la formation, des conseils et de l'assistance d'une entreprise qui a déjà fait ses preuves.

Précautions à prendre

- ✔ Réaliser son business plan de son côté pour négocier avec le franchiseur et ne pas forcément tout accepter de sa part.
- ✔ Créer en franchise n'est pas « une assurance tout risque » ! Le métier d'entrepreneur demeure, à savoir innover et proposer des services supplémentaires aux clients.
- ✔ Une relation loyale entre le franchiseur et le franchisé est essentielle pour la réussite.
- ✔ Faire attention aux obligations qui découlent du contrat (stratégie commerciale, normes, standards de qualité, évolution du concept).

• • •

Comment être plus efficace ?

La franchise trouve son origine dans le Moyen Âge, autour du mot « franc ». Elle a connu plusieurs périodes de croissance et d'organisation et est entrée aujourd'hui dans une phase de maturité, encadrée juridiquement et structurée professionnellement.

Êtes-vous fait pour la franchise ?

- Démarrer en franchise est différent d'une création classique, car c'est à la fois être entrepreneur tout en étant guidé.
- Les réseaux de franchiseur ont des exigences très précises en matière de profil de leurs franchisés ; d'où une vraie réflexion sur l'adéquation homme-projet.
- Pour devenir franchisé, il faut être convaincu par le produit ou le service à vendre et convaincant vis-à-vis du banquier, des clients et de l'environnement économique proche. Cette détermination doit aller de pair avec la volonté de jouer le jeu de la franchise tout en acceptant de se remettre en cause en permanence pour être plus performant.

Quelles sont les différentes formes de franchise ?

Les formes classiques sont :
- la franchise de service ;
- la franchise de production ;
- la franchise de distribution.

Des formes nouvelles de la franchise se développent :
- la franchise partenariale : l'enseigne et l'assistance technique sont présentes alors que la transmission du savoir-faire n'est pas systématique. Le management est plus participatif et le contrat est signé avec des franchisés qui possèdent déjà un savoir-faire professionnel. Cette formule lie beaucoup plus étroitement les deux parties (prise de participation possible) ;
- La commission affiliation : s'apparente à la franchise à la différence de la gestion du stock qui reste la propriété du franchiseur. Cet avantage financier pour le franchisé le rend plus dépendant du franchiseur. On la retrouve dans le secteur textile.

Le poids de la franchise

Il existe en 2010 1 369 réseaux de franchise (11 % d'augmentation en un an), ce qui représente 52 000 magasins et 660 000 emplois pour un chiffre d'affaires de 47 Md€. La franchise représente plus du tiers du chiffre d'affaires total du commerce de détail (*source* : FFF).

Le prix de la franchise

Secteurs	Droit d'entrée (moyenne €)	Stock initial (en €)	Agencement/m²	Frais démarrage (équipement et publicité)	BFR
Alimentaire	19 000	31 600	1 000	90 000	20 000
Beauté	11 300	24 000	803	25 000	15 000
Habitat	22 700	12 000	401	26 000	31 000
Restauration	29 000	7 700	1 400	106 000	14 500
Services	18 000	4 600	212	16 000	18 000
L'apport personnel varie de 30 000 € (services) à 58 000 (loisirs) et 120 000 € (restauration).					

Modèle de **Document d'informations précontractuelles (DIP)**

(Article L. 330-3 du Code de commerce)

1. Présentation du franchiseur Dénomination sociale, forme juridique, N° d'immatriculation au registre du commerce, Adresse du siège social, Montant du capital social, Nom de l'exploitant, du ou des dirigeants, Expérience professionnelle pour chacun d'eux pour les cinq dernières années.
2. Présentation de l'entreprise du franchiseur Date de création Évolution (sur les cinq dernières années) : Étapes de son évolution/Étapes de l'évolution de son réseau d'exploitation.
3. Présentation de la marque Marque : N° d'enregistrement, date, nom du déposant en cas de licence ou d'acquisition à la suite d'une cession. N° d'inscription au registre national des marques. Date d'inscription. Durée pour laquelle la licence a été consentie.
4. Informations financières Domiciliations bancaires (limitées aux cinq principales).
5. Activités de l'entreprise Activités de l'entreprise (en particulier faisant l'objet de la franchise).
6. Présentation du réseau d'exploitation Liste des succursales et filiales majoritaires. Liste des franchisés (y compris filiales minoritaires) comportant pour chacun d'eux l'adresse et la date de conclusion ou de renouvellement du contrat. Liste des autres entreprises faisant partie du réseau en précisant le mode d'exploitation. Nombre de franchisés avec lesquels les relations contractuelles de même nature ont cessé dans l'année précédente avec motifs (expiration, résiliation, annulation).
7. Les résultats du franchiseur Pour les deux derniers exercices disponibles (rapports prévus par l'article 34 de la loi du 24 juillet 1966 pour les entreprises faisant appel à l'épargne publique, comptes annuels tels que remis au Greffe du tribunal de commerce pour les autres).
8. Le marché Présentation du marché des produits ou services. Présentation de l'état local du marché. Perspectives de développement du marché.
9. Le contrat Signataires, durée, conditions de renouvellement, de résiliation, de cession Exclusivités (territoriale, approvisionnement, champs d'activité, non-concurrence, autres). Obligations du franchiseur (conseil, formation, etc.) Obligations du franchisé Obligations financières du franchisé (droit d'entrée, Royalties, autres rémunérations, frais d'agencement, achat stock initial, participation au budget publicitaire, autres obligations financières). Règlement des litiges

Conseils pour une bonne relation, avant la signature du contrat (**9**) :

– Les DIP ne doivent pas être trop volumineux mais comporter des informations véritablement essentielles et vérifiables, notamment en ce qui concerne l'expérience du franchiseur et le concept.

– Ne pas signer de contrat avant d'avoir une étude de marché locale précise et d'avoir trouvé un emplacement.

– Se faire aider par un avocat, notamment sur la durée du contrat (clauses de droit de renouvellement, de redevance de renouvellement, de résiliation, de dédit et de retour). ■

Les aides et subventions

Les aides publiques ou privées à la création d'entreprise, dixième étape, sont nombreuses. Dans ces conditions, il est important de les connaître pour trier celles qui peuvent servir le projet, à la création ou plus tard. Elles ne concernent pas forcément toutes ce projet ! De plus, **créer une entreprise repose sur l'objectif de réaliser un chiffre d'affaires auprès de clients ciblés et non d'obtenir des aides**. Si elles sont facilement et surtout rapidement mobilisables, c'est très bien ; mais en aucun cas un créateur ne doit consacrer trop de temps à en obtenir !

Les différentes facettes des aides

L'objectif de ce dossier est de clarifier ces dispositifs pour en comprendre les mécanismes, les conditions d'attribution, et perdre le moins de temps possible à la constitution des dossiers de demande.

Le terme générique AIDES recouvre différentes réalités : des conseils, de l'hébergement, des réductions de charges et d'impôts, des subventions. Elles peuvent être nationales ou locales (régions, départements, villes) et même émaner d'organismes associatifs.

Les aides de l'État visent à dynamiser le tissu économique sur tout le territoire (prime d'aménagement du territoire accordée par la Diact, Délégation interministérielle à l'aménagement et la compétitivité des territoires ; exonération de l'impôt sur les sociétés ou d'impôts locaux ; exonération de cotisations sociales dans certaines zones), à favoriser la réinsertion des chômeurs (exonération de charges sociales du dispositif Accre ou Nacre), à encourager la création d'entreprises innovantes (aides Oséo) ou dans certains secteurs. Le prêt à la création d'entreprise PCE concerne tous les projets.

Favoriser le financement des petites entreprises par l'épargne de proximité est également encouragé (réduction d'impôt pour souscription au capital de jeunes entreprises, loi TEPA).
Les collectivités locales participent également à ces efforts pour attirer les entreprises sur leur territoire.

Quelques conseils

• L'analyse du business plan faite par les banquiers ou les investisseurs défalque toutes les aides et subventions qui ne sont pas soit déjà obtenues soit assurées d'être obtenues (les lettres d'octroi figureront alors dans les annexes du BP). En conséquence, **le principe de prudence veut que l'on prenne en compte des éléments « certains » et non des espérances d'aides**.
• Un porteur de projet qui démarre « avec les moyens du bord », sans demander d'aide financière, pour prouver que son business est viable sera préféré à celui qui présente une longue liste de dépenses pas toujours essentielles pour démarrer (achat de véhicule si l'activité ne l'impose pas, aménagement luxueux de locaux alors que l'on ne reçoit aucun client, salaires élevés les premiers mois, etc.). La situation est différente pour les projets technologiques dont les montants d'investissement pour démarrer sont très importants et nécessitent la recherche active de différentes sources d'aides et de financement.
• Les concours de création d'entreprise sont à la fois un bon exercice pour présenter un business plan cohérent et un moyen d'obtenir du financement, de la reconnaissance et de l'aide. Par exemple, le concours à la création d'entreprise innovante du Ministère de la recherche est un label pour les projets innovants et une enveloppe budgétaire non négligeable pour les projets émergents et les projets en développement. Les concours pour les jeunes, par secteur d'activité présentent les mêmes avantages.
• Certaines aides favorisent le tout démarrage (l'amorçage), d'autres les premiers mois d'activité et d'autres encore les périodes de développement. Bien les repérer et les distinguer pour ne pas être « en dehors » des bonnes dates.

Dossier

Les OUTILS

Les aides : conseil et accompagnement

Les organismes qui conseillent et accompagnent

Origine	Dénomination	Objectif	Montant et conditions	Type
Ministères, agences, organismes, banques, etc.	APCE, Oséo, Ministère des PME, Minéfi, Coface, BFCE, CCI, etc.	Conseils aux entreprises	Sites internet	Conseils gratuits
Intervenants de la création d'entreprise	Conseils, experts-comptables, experts en propriété industrielle, etc.	Conseils aux entreprises	Sites internet	Conseils payants
Réseaux d'accompagnement	Réseau Entreprendre, BGE (Boutiques de Gestion), CCI, etc.	Stages, formation, conseil	Conseils avant le démarrage de l'activité	Conseils Accompagnement
Pépinières, incubateurs, couveuses	Hébergement, conseil, accompagnement	Aider les porteurs à monter leur business plan et pendant la première année de leur activité	Le projet doit être sélectionné par un comité pour bénéficier de ces aides	Conseils Accompagnement Hébergement
Clubs de créateurs, associations	(France Active, Adie, etc.)	Conseils	Comité d'engagement	Conseils Accompagnement
Business angels (BA), sociétés de capital-risque	Aide, accompagnement	Aide au démarrage (BA) et au développement	Comité d'engagement	Accompagnement
État, collectivités, entreprises, etc.	Concours (Défi jeune, BMW, etc.)	Aide	Sites internet	Accompagnement Reconnaissance

En résumé

Un porteur de projet ne peut démarrer seul sans aide. À l'inverse, il ne doit pas se disperser et perdre du temps à rechercher les bons interlocuteurs pour le type, le niveau et la durée de l'aide souhaitée et adaptée à ses besoins (accompagnement long, hébergement, conseils ponctuels). Certains interlocuteurs apportent des aides gratuites alors que d'autres font payer leurs services.

Insight

Entrepreneurs cannot start a business unaided. But neither can they lose focus and waste time looking for the right people for the type, level and amount of aid adapted to their needs (a long period of consultancy, the provision of premises, advice on specific issues). Some interlocutors provide free aid while others demand payment for their services.

Pourquoi l'utiliser ?

Objectif

Se repérer dans la multitude d'organismes, associations, interlocuteurs gratuits et payants qui proposent d'aider les porteurs de projet ou les jeunes entreprises pour faciliter leur création et leur développement. Trouver le bon interlocuteur et le bon timing pour bénéficier de ces aides est impératif pour gagner du temps et éviter des erreurs.

Se repérer, choisir les modalités d'aide pour créer plus facilement.

Contexte

Les conseils sont les partenaires incontournables de l'entreprise à chaque étape de son existence.

On compte en France plus de 46 000 avocats, 18 000 experts-comptables et 8 500 notaires sans compter tous les réseaux.

Les entreprises qui font appel à des aides au départ ont de meilleures chances de succès et connaissent un plus grand développement que les autres (sources : Oséo, APCE).

Comment l'utiliser ?

Étapes

- **Faire un bilan du type d'aide souhaitée** (conseil, reconnaissance, hébergement, appui dans la durée, etc.) et à quel moment.
- À chaque problématique, son conseil.

Repérer les interlocuteurs payants :

– L'expert-comptable est l'interlocuteur naturel des entreprises pour intervenir dans la rédaction des statuts et le suivi comptable de l'entreprise.

– Les consultants interviennent sur des demandes précises (développement de marché à l'international, choix commercial, conduite du changement, etc.).

– Le notaire intervient lors des achats de locaux, pour la négociation des contrats ou la transmission de l'entreprise.

– Le conseiller en propriété industrielle aidera à la rédaction des brevets et interviendra dans le processus de dépôt.

– L'avocat n'intervient que de manière ponctuelle et selon sa spécialité (fiscalité, droit des affaires, droit social, etc.). Choisir pour chaque intervention un avocat spécialisé.

- **Les gratuits** :

– Les réseaux d'accompagnement apporteront une aide dans la durée (Réseau Entreprendre, France Active, l'Adie, les Boutiques de Gestion, etc.)

– Les incubateurs hébergent, conseillent et apportent une aide financière aux projets technologiques pendant une année.

– Les couveuses abritent et entourent des porteurs de projet qui le testent pendant un an : www.uniondes couveuses.fr.

- **Des dispositifs régionaux** existent : Cap entreprise, en Île de France, regroupe le diagnostic du projet, une formation personnalisée (40 à 200 heures) et un suivi de l'activité ; le FRAC, Fonds régional d'aide au conseil, finance à 50 % le recours à un consultant extérieur dans la limite de 30 000 € par an. Pour une étude courte, la prise en charge peut aller jusqu'à 80 % dans la limite de 3 800 €.

Méthodologie et conseils

- Bien définir ses besoins et ses objectifs et les valider avec son interlocuteur.
- Demander un devis ou faire préciser les tarifs avant toute intervention (tarif à l'heure, au forfait, etc.). ■

Avantages

✔ Gagner du temps quand on fait appel à eux, car la demande rentre dans leur spécialité.

✔ Certaines aides gratuites allègent la trésorerie !

Précautions à prendre

✔ Choisir un interlocuteur intéressé par les petites entreprises ou le niveau local.

✔ Le porteur de projet, même conseillé et aidé dans sa prise de décision, reste le seul décideur !

Outil 44 Les aides financières

Les organismes qui apportent du financement

Origine	Dénomination	Objectif	Montant et conditions	Type d'aide
État	Prime d'aménagement du territoire DIACT	Faire venir les entreprises dans certaines zones	Conditions d'emploi et d'investissement	Financière Subventions
	Exonération d'impôts sur les bénéfices et locaux et cotisations sociales	Faire venir les entreprises dans certaines zones	Implantation dans certaines zones	Fiscale
	Aides Oséo	Financement d'études, de chercheurs, à différentes périodes	Chaque aide correspond à une étape de la vie de l'entreprise	Financière
	PCE Prêt à la création d'entreprise	Faciliter le financement des jeunes entreprises	Octroi sans garantie personnelle	Financière
	Dispositifs Accre et Nacre	Aider les demandeurs d'emploi	Prêt à taux zéro et sans garantie	Fiscale
État (services des impôts)	Jeune Entreprise Innovante JEI Jeune Entreprise Universitaire JEU	Faciliter la création	Se déclarer au service des impôts	Fiscale
	Loi TEPA	Réduction d'impôt	Souscription au capital	Fiscale
Collectivités locales	Exonérations de taxe professionnelle, d'impôts fonciers, octroi de locaux…	Faciliter la création d'entreprises et l'emploi dans la zone de la collectivité	Les aides et les montants varient pour chaque collectivité	Financière Fiscale Subventions
Banques	Prêt	Constituer les fonds propres	Certains prêts peuvent accompagner le PCE	Financière
Réseaux d'accompagnement (Réseau Entreprendre)	Prêt d'honneur, micro-crédit	Aider les porteurs à monter leur business plan	Le projet doit être sélectionné par un comité pour bénéficier de ces aides	Financière
Pépinières, incubateurs	Hébergement et démarrage	Aider au montage du business plan	Comité d'engagement	Financière
Clubs de créateurs, associations	Prêt d'honneur (France Active, Adie, etc.)	Financement d'amorçage	Comité d'engagement	Financière
Business angels (BA), sociétés de capital-risque	Prise de participation	Démarrage et développement	Comité d'engagement	Financière
État, collectivités, entreprises, etc.	Concours (Défi jeune, BMW, etc.)	Aider certains secteurs ou certaines populations	Permet de lever d'autres fonds	Financière
Organismes de capital-risque solidaire	Les Cigales, Love money pour l'emploi, FinanCités…	Prise de participation dans des projets solidaires	Apporte aide et reconnaissance et permet de lever d'autres fonds	Financière

En résumé

Un porteur de projet peut rarement démarrer seul sans aide financière, à l'exception de certains projets de services (création d'une entreprise de conception de sites Internet ou avec le statut d'auto-entrepreneur). Pour les autres projets, constituer le capital de démarrage passe par le recours à la banque (PCE), à des prêts d'honneur, des prises de participation de partenaires et des aides fiscales et subventions. Les subventions couvrent soit les investissements soit l'exploitation.

Le capital nécessaire pour démarrer est différent du capital social requis pour déposer les statuts.

Insight

Except in the case of certain service-based activities, entrepreneurs are rarely able to start up their companies without financial aid. For other projects, acquiring start-up capital involves a visit to the bank, interest free loans, investment from shareholder partners, and tax breaks and subsidies. Subsidies cover either investments or running costs.

Start-up capital is different from the social capital required for administratively setting up a company.

Pourquoi l'utiliser ?

Objectif

Bien démarrer son entreprise nécessite **des capitaux en adéquation avec les exigences de l'activité**. Plus les capitaux nécessaires sont importants, plus leur origine sera variée. Par ailleurs, les premiers mois d'activité sont généralement tendus du point de vue de la trésorerie, et toutes les aides fiscales, exonérations et subventions d'exploitation sont bienvenues.

Contexte

L'État et les collectivités locales proposent des aides financières avec des modalités différentes afin de favoriser la création d'activités et d'emplois. Des acteurs du secteur privé et associatif les complètent.

Optimiser sa situation financière de démarrage augmente les chances de succès.

Comment l'utiliser ?

Étapes

• **Faire un bilan du type d'aide souhaitée**.
• **Calculer ses besoins**.
• À chaque problématique correspondent plusieurs types d'aides. **Rechercher le meilleur partenaire et comparer les prestations** :
  – L'Adie octroie des prêts jusqu'à 5 000 €, www.adie.org.
  – France Active propose un système de garantie de prêts bancaires pour les personnes en difficulté d'insertion et des prêts d'honneur à taux zéro et sans garantie via ses plateformes d'initiative locale, en complément du financement bancaire, www.franceactive.org.
  – Des garanties Artisanat-TPE sont accordées en fonction de l'intérêt territorial du projet, jusqu'à 150 000 € et garantie à 80 %.
  – Oséo offre une palette de services et de financement, www.oseo.fr. Par exemple, pour les créations innovantes, les principales aides sont :
    – une avance, remboursable en cas de succès, à taux zéro, pouvant couvrir jusqu'à 50 % des dépenses retenues par Oséo en matière de RD et de développement de nouveaux services associés à des technologies émergentes ;
    – un prêt participatif d'amorçage PPA qui facilite l'intervention de fonds ou de sociétés de capital-risque. Son montant est compris entre 50 et 75 K€, remboursable sur 8 ans, assorti d'un différé d'amortissement de 3 ans.

Méthodologie et conseils

• Se renseigner sur chaque type d'aide (avantage, inconvénient et modalités) sur le site de l'APCE avant de contacter les interlocuteurs.
• Distinguer les subventions d'investissement qui couvrent les investissements du départ (plan d'investissement) et les subventions d'exploitation qui couvrent les dépenses courantes de l'entreprise (aides à la commercialisation d'un nouveau produit, aide à l'exportation, conseils, etc.). ■

Avantages

✔ Démarrer avec la meilleure situation financière possible.

✔ Certaines aides constituent un label (Oséo, BA, JEI) qui permet ensuite de lever plus de fonds.

Précautions à prendre

✔ Bien dimensionner sa demande.

✔ Ne pas perdre trop de temps en cherchant à obtenir TOUTES les aides disponibles !

✔ Faire signer des clauses de confidentialité avant les discussions avec les BA et les sociétés de capital-risque.

✔ Se faire aider par un avocat avant de signer tout contrat de prise de participation dans le capital.

✔ Prendre en compte uniquement les aides pour lesquelles un accord de principe écrit est obtenu !

Outil 45 Le prêt à la création d'entreprise PCE

Les modalités du PCE

PCE

Montant	Entre 2 000 et 7 000 €.
Bénéficiaire	Entreprises individuelles et sociétés en phase de création (ou reprise) depuis moins de 3 ans.
Secteur d'activité	Tous, sauf les entreprises agricoles, les intermédiaires financiers et les entreprises de promotion ou location immobilière.
Taille	Maximum 10 salariés.
Quand	Avant toute demande de financement bancaire à moyen ou long terme.
Limite	Besoins inférieurs à 45 000 € (investissements plus BFR).
Exigence	Le créateur ne doit pas contrôler ou diriger une autre société.
Fonctionnement du PCE	Il doit être accompagné d'un concours bancaire à moyen ou long terme (prêt, crédit-bail) dont le montant est au minimum égal à 2 fois celui du PCE. Ce concours bancaire est librement fixé par la banque. Oséo peut le garantir à hauteur de 70 %.
Caractéristiques et avantages du PCE	Financement des besoins immatériels de l'entreprise : constitution du fonds de roulement, frais de démarrage. Durée : 5 ans avec un différé de remboursement de 6 mois. Taux identique à celui du concours bancaire joint. PCE accordé sans garantie ni caution personnelle.
Contact	Banques ou réseaux d'accompagnement.

En résumé

Le PCE a vocation à améliorer le financement des jeunes entreprises créées ou reprises. Il répond à l'insuffisance de fonds propres ou quasi-fonds propres des entreprises de 0 à 3 ans en finançant essentiellement leur trésorerie. Il améliore l'accès au crédit bancaire, diminue les risques d'échec dus à une trésorerie trop faible et favorise l'accompagnement des entreprises nouvelles.

Insight

The PCE (or Enterprise Creation Loan) is designed to provide financial aid to start-up companies and firms that have been taken over. It is intended to make up for a lack of own capital or quasi-own capital in firms between 0 and 3 years old by funding their cash flow, improving access to bank credit, diminishing risks of bankruptcy due to poor cash flow, and making it possible for them to use consultancy services.

Pourquoi l'utiliser ?

Objectif

Financer la trésorerie de départ et ses besoins immatériels lors du démarrage (frais commerciaux, publicité) et du premier développement durant les trois premières années.

Contexte

Financer son démarrage dans de bonnes conditions est une nécessité et un facteur clé de succès pour la pérennité de l'entreprise. Les aides financières et fiscales ne s'intéressent pas aux besoins immatériels ; or ceux-ci sont aussi déterminants pour démarrer. La mise en œuvre du PCE, relayé par un concours bancaire joint, permet ce financement.

Outil idéal pour financer les besoins immatériels et la trésorerie de départ.

Méthodologie et conseils

• Se renseigner auprès de plusieurs banques pour mettre en concurrence leurs taux de prêt associé au PCE.
• Le PCE s'adresse à toutes les entreprises en phase de création (numéro Siren attribué), quelque soit le secteur d'activité (sauf agriculture, intermédiation financière, promotion ou location immobilière) et n'ayant pas encore bénéficié d'un prêt bancaire égal ou supérieur à deux ans.
• Il accompagne obligatoirement un prêt bancaire à plus de deux ans (financement de matériel, de véhicule, ...), d'un montant au moins égal à deux fois le montant du PCE.
• **Le PCE obtenu figurera dans les ressources** (plan de financement) au même titre que les apports personnels, les prêts d'honneur et le prêt bancaire associé. ■

Comment l'utiliser ?

Étapes

• **Évaluer ses besoins** en matière de trésorerie et ses besoins immatériels tout à fait nécessaires au tout début de l'entreprise.
• Contacter sa banque ou plusieurs banques pour leur demander leur aide pour monter le dossier. Le réseau d'aide avec lequel le créateur est en relation est aussi un bon contact. Le PCE doit être accompagné d'un prêt bancaire classique (MT ou LT), octroyé par la banque. Le PCE est garanti par Oséo, ce qui facilite la discussion avec sa banque.
• **Négocier** les taux et la date d'octroi du PCE et du prêt bancaire associé.

Avantages

✔ Finance ce que les autres aides financières ne financent pas : les investissements immatériels de démarrage.

✔ Pour racheter un fonds de commerce, le PCE peut être mis en place avant l'immatriculation de l'acquéreur au registre du commerce et des sociétés.

✔ Le PCE ne requiert ni caution personnelle ni garantie.

Précautions à prendre

✔ Si le PCE est demandé dans les 3 ans et que l'entreprise a démarré son activité, son dernier bilan ne doit pas présenter un résultat négatif.

Outil 46 Les régimes particuliers JEI et JEU

Conditions pour y prétendre

Conditions pour prétendre au
statut de Jeune Entreprise Innovante ou Jeune Entreprise Universitaire

JEI	JEU
Être **indépendante**, c'est-à-dire que son capital doit être détenu pour 50 % au minimum par des personnes physiques, des associations ou fondations reconnues d'utilité publique à caractère scientifique, des établissements de recherche et d'enseignement et leurs filiales, une société qualifiée elle-même de jeune entreprise innovante ou des sociétés de capital-risque.	Être détenue directement à hauteur de 10 % au moins de son capital par des étudiants, des doctorants, docteurs ou post-docs ou par des chercheurs.
L'entreprise doit **se déclarer**, spontanément, à la direction des services fiscaux dont elle dépend.	L'entreprise doit **signer une convention** avec un établissement d'enseignement supérieur dont l'objet est de préciser les conditions dans lesquelles s'effectuera la valorisation des travaux de recherche. Elle est conclue pour une durée de 3 ans renouvelable, dans la limite de 8 années à compter de la date de création de l'entreprise.
Réaliser, à la clôture de chaque exercice, des **dépenses de R&D** représentant au moins 15 % des charges totales engagées fiscalement déductibles au titre du même exercice.	
Avoir **moins de 8 ans d'existence**, ensuite le bénéfice du statut est perdu.	
Être **réellement nouvelle**.	
Réaliser un **chiffre d'affaires** inférieur à 50 M€ ou disposer d'un total de bilan inférieur à 43 M€.	
Employer moins de 250 personnes quand elle demande à bénéficier de ce statut.	
Être **à jour de ses cotisations** sociales patronales et salariales de sécurité sociale, de ses cotisations versées au fonds national d'aide au logement et de son versement transport.	

En résumé

Le statut de « jeune entreprise innovante » (JEI), créé par la loi de finances pour 2004, confère aux PME qui engagent des dépenses de recherche-développement importantes, un certain nombre d'avantages fiscaux.

Le statut de la « jeune entreprise universitaire » (JEU), créé par la loi de finances pour 2008, est une variante de la JEI. Elle permet à la JEU de bénéficier des mêmes avantages fiscaux et sociaux.

Les régimes JEI et JEU sont également un label en plus des avantages fiscaux.

Insight

The status of "young innovative enterprise" (JEI), introduced in the 2004 French Finance Law, provides a certain number of tax breaks to SMEs spending substantial sums on R & D.

The status of "young university enterprise" (JEU), introduced in the 2008 French Finance Law is a variant of the JEI. It provides Young University Enterprises with the same fiscal and social advantages.

JEI and JEU status provide companies with fiscal advantages.

Pourquoi l'utiliser ?

Objectif

Pour la JEI, favoriser la création d'entreprises innovantes issues de la recherche ou fondées sur l'innovation. Pour la JEU, favoriser la création, par des universitaires, d'entreprises ayant pour activité principale la valorisation de travaux de recherche.

Contexte

Dans le cadre des lois visant à favoriser la croissance et la création d'entreprises, deux nouveaux volets sont concernés : **la création d'entreprises innovantes** qui font de grosses dépenses de RD d'une part et les entreprises issues des laboratoires universitaires d'autre part.

Comment l'utiliser ?

Étapes

Toute entreprise créée depuis le 1er janvier 2004, quelle que soit sa forme juridique, peut solliciter le statut de JEI, dès lors qu'elle remplit les conditions indiquées dans le tableau.

Méthodologie et conseils

• Un dossier complet de demande est disponible sur le site du ministère de l'Enseignement supérieur et de la Recherche.
• Cette demande est relativement simple et permet de vraies économies pour les entreprises qui font de la RD.
• Les dépenses ouvrant droit à ce statut sont principalement des « opérations de recherche », c'est-à-dire des travaux qui visent à accroître la somme des connaissances ainsi que l'utilisation de ces dernières pour de nouvelles applications, des frais de défense des brevets et les honoraires d'avocats au titre d'une action en justice à la suite de contrefaçons, les dépenses de personnel de recherche, les dépenses de fonctionnement évaluées forfaitairement à 75 % des dépenses de personnel (200 % pour les personnes titulaires d'un doctorat au cours des 24 premiers mois suivant leur embauche), les frais de dépôt et de maintenance des brevets, certificats d'obtention végétale ou d'utilité et certificats d'addition en France et à l'étranger, les dotations aux amortissements des brevets et des certificats d'obtention végétale acquis en vue de réaliser des opérations de recherche et de développement expérimental, les dépenses confiées à des organismes publics ou privés de recherche et à des établissements d'enseignement supérieur. ■

Statuts particulièrement intéressants pour les entreprises technologiques et innovantes.

Avantages

✔ Exonération d'impôt sur les bénéfices sur 5 exercices (totale sur 3 ans puis à 50 % sur 2 ans).

✔ Exonération d'imposition forfaitaire annuelle IFA pendant les 8 exercices.

✔ Exonération de taxe foncière pendant 7 exercices.

✔ Exonération d'imposition sur les plus-values de cession des titres de la JEI.

✔ Allégement de charges sociales patronales et exonération de charges sociales patronales sur les salaires versés aux salariés participant à la recherche (chercheurs, techniciens, gestionnaires de projets de RD et personnels chargés de tests pré-concurrentiels).

Précautions à prendre

✔ L'exonération ne peut se cumuler avec une autre aide de l'État à l'emploi.

Outil 47 Les régimes spéciaux ACCRE et NACRE

ACCRE et NACRE

ACCRE Aide aux chômeurs créateurs ou repreneurs d'entreprise

Bénéficiaires :

- Personnes privées d'emploi (bénéficiaires de l'allocation d'assurance chômage, du RSA, de l'allocation de parent isolé (API), demandeurs d'emploi non indemnisés.
- Les jeunes de 18 à 26 ans et les handicapés de 18 à 30 ans.
- Les personnes qui créent dans une zone urbaine sensible (ZUS).
- Les salariés-repreneurs de leur entreprise en difficulté.

Aides : exonération de charges sociales pendant un an.

NACRE Nouvel accompagnement pour la création et la reprise d'entreprise

Bénéficiaires :

- Les demandeurs d'emploi indemnisés, bénéficiaires de l'allocation de retour à l'emploi (ARE).
- Les bénéficiaires de l'allocation de solidarité spécifique (ASS).
- Les bénéficiaires de l'allocation temporaire d'attente (anciennement allocation d'insertion).
- Les demandeurs d'emploi non indemnisés inscrits à l'ANPE 6 mois au cours des 18 derniers mois.
- Les bénéficiaires du revenu de solidarité active (RSA).
- Les jeunes de 18 à 25 ans révolus et les jeunes de moins de 30 ans non indemnisés ou reconnus handicapés.
- Les salariés qui reprennent leur entreprise en redressement ou liquidation judiciaire.
- Les titulaires d'un contrat d'appui au projet d'entreprise (Cape).
- Les personnes qui créent leur entreprise en zone urbaine sensible (ZUS).
- Les bénéficiaires des prestations d'accueil pour jeune enfant.
- Les personnes de 50 ans et plus inscrites sur la liste des demandeurs d'emploi.
- Les personnes rencontrant des difficultés pour s'insérer durablement dans l'emploi.

Aides : montage du projet de création et de développement de l'entreprise et aide financière.

En résumé

L'ACCRE est l'une des mesures du dispositif d'appui à l'initiative économique gérée par le ministère en charge de l'Emploi au bénéfice des demandeurs d'emploi, salariés licenciés, jeunes et personnes en difficulté.

Le dispositif NACRE est un parcours qui vise à accompagner le créateur dans la durée, à la condition d'avoir déjà une idée bien avancée.

Insight

The ACCRE is one of the measures of the project to support economic initiative introduced and operated by the French ministry of Employment on behalf of job seekers, employees who have lost their jobs, young people and people in financial difficulty.

The NACRE is a project designed to accompany entrepreneurs over the long-term, on condition that they are able to present a well-developed idea.

Pourquoi l'utiliser ?

Objectif

Ces dispositifs visent à faciliter tant la structuration des projets de création ou de reprise d'entreprise que le développement des activités ainsi créées, sous forme individuelle ou en société. L'**ACCRE** consiste en une exonération de cotisations sociales (www.idf-nacre.fr). Les créateurs ou repreneurs d'entreprise peuvent également s'appuyer sur le nouveau dispositif **NACRE** (www.entreprises.gouv.fr/nacre).

Ces dispositifs particuliers sont destinés aux demandeurs d'emploi.

Contexte

Les gouvernements se sont toujours intéressés à faciliter la création d'entreprises pour les personnes en difficulté. L'ACCRE est un dispositif ancien qui demeure. Nouvel accompagnement pour la création et la reprise d'entreprise (NACRE) depuis le 1er janvier 2009 ce dispositif remplace l'avance remboursable Eden et les chèques conseils.

Comment l'utiliser ?

Étapes

• La **demande d'exonération Accre** est appréciée au regard de trois critères d'éligibilité : la situation administrative du demandeur, son degré de contrôle de l'entreprise et son indépendance vis-à-vis du donneur d'ouvrage. Elle doit être formulée par écrit auprès des organismes de sécurité sociale au plus tard à la date d'échéance du premier avis d'appel des cotisations suivant le 12e mois de l'exonération initiale. La demande doit être adressée au CFE qui transmet le dossier aux organismes concernés. Le demandeur reçoit un récépissé indiquant que la demande d'aide a été enregistrée.

• **Nacre est un dispositif global** ayant pour objectif de donner aux porteurs de projet ayant déjà une idée précise de création (ou de reprise) le maximum de chances de réussite et comprenant :

- une aide au montage du projet et au développement de l'entreprise (accès à des chéquiers conseils auprès d'organismes labellisés par l'État), une aide financière (recherche de financements et négociation avec les banques) ;
- un prêt à taux zéro Nacre peut être accordé d'un montant de 1 000 à 10 000 euros (prêt sans intérêt d'une durée maximale de 5 ans). Il doit être couplé avec un prêt bancaire dont le montant et la durée doivent être supérieurs ou égaux au montant et à la durée du prêt à taux zéro.

Méthodologie et conseils

Remplir toutes les conditions pour bénéficier d'un des régimes. ■

Avantages

✔ Certains bénéficiaires de l'Accre peuvent prétendre à d'autres exonérations (certaines cotisations de Sécurité Sociale pendant un an, éventuellement deux ans).

✔ Les demandeurs d'emploi qui bénéficient de l'Accre bénéficient d'un taux minoré de cotisation en tant qu'auto-entrepreneur.

✔ Plusieurs personnes peuvent obtenir séparément l'aide Nacre pour un seul et même projet, à condition qu'elles détiennent collectivement plus de 50 % du capital, qu'un ou plusieurs d'entre eux aient la qualité de dirigeant et que chaque demandeur détienne au moins 1/10e de la fraction du capital détenue par la personne qui possède la plus forte part.

Précautions à prendre

✔ Sont exclus de l'Accre les associations, GIE ou groupement d'employeurs.

La finance

Avant-dernière partie du business plan, la partie financière traduit en termes financiers tous les choix faits suite aux études préalablement menées pour vérifier la rentabilité et la viabilité du projet.

La traduction du business model

La construction des tableaux financiers se fait de manière itérative, c'est-à-dire qu'elle doit comprendre plusieurs allers-retours. Cette méthode de construction est appelée *top down* et *bottom up* ou descendante/ascendante/descendante. La partie *top* correspond au chiffre d'affaires déterminé par l'étude de marché, la partie *bottom* au résultat dégagé. Si par la méthode *top – bottom* le projet n'est pas (assez) rentable, la démarche reprend en sens inverse.
La méthode *bottom up* visera à diminuer quelques charges non essentielles : modifier la politique d'investissement (location des locaux au lieu de construction), appeler au crédit-bail pour l'achat des investissements, faire appel à la sous-traitance au lieu de la production propre.

Des étapes incontournables

Le schéma ci-dessous donne le **cheminement à suivre** (*top – bottom*) **pour construire les tableaux financiers**.

1. Le plan d'investissements (étude organisationnelle).
2. Les charges externes et leur ventilation par mois (étude organisationnelle).
3. Les salaires et charges de personnel (étude organisationnelle).
4. Les impôts et taxes (autres que les impôts sur le revenu).
5. Les ventes (étude marketing).
6. Les achats (étude organisationnelle).
7. Calculer les fonds nécessaires au démarrage de l'entreprise. Ces fonds doivent couvrir d'une part l'achat des investissements et d'autre part les premiers frais d'exploitation jusqu'au moment où les encaissements permettent à l'entreprise de vivre. Le BFR est calculé de deux manières : par rapport au bilan (voir outil bilan) et d'une manière empirique par

le tableau de trésorerie. Le calcul du BFR par rapport au bilan ne prenant pas en compte la saisonnalité de l'activité est – pour la première année – dangereux, car il n'assure pas la pérennité de l'entreprise. Le calcul du BFR par le tableau de trésorerie prenant en compte la saisonnalité de l'activité évite à l'entreprise d'avoir « des fins de mois difficiles ».

8. Élaborer le tableau de trésorerie.
9. Établir le plan d'investissement initial.
10. Trouver les financements nécessaires.
11. Calculer le tableau de trésorerie mensuelle.
12. Calculer le compte de résultat.
13. Calculer le bilan.
14. Vérifier la rentabilité de l'entreprise.
15. Analyser les résultats.
16. Apporter des modifications pour :
    – Assurer la rentabilité de l'entreprise.
    – Assurer le démarrage de l'entreprise (dans le cas d'insuffisance de capitaux).
    – Augmenter les performances de l'entreprise.

Si le porteur de projet n'arrive pas à réunir les capitaux nécessaires, il est préférable d'arrêter le projet plutôt que de démarrer dans des mauvaises conditions qui le pénaliseront.

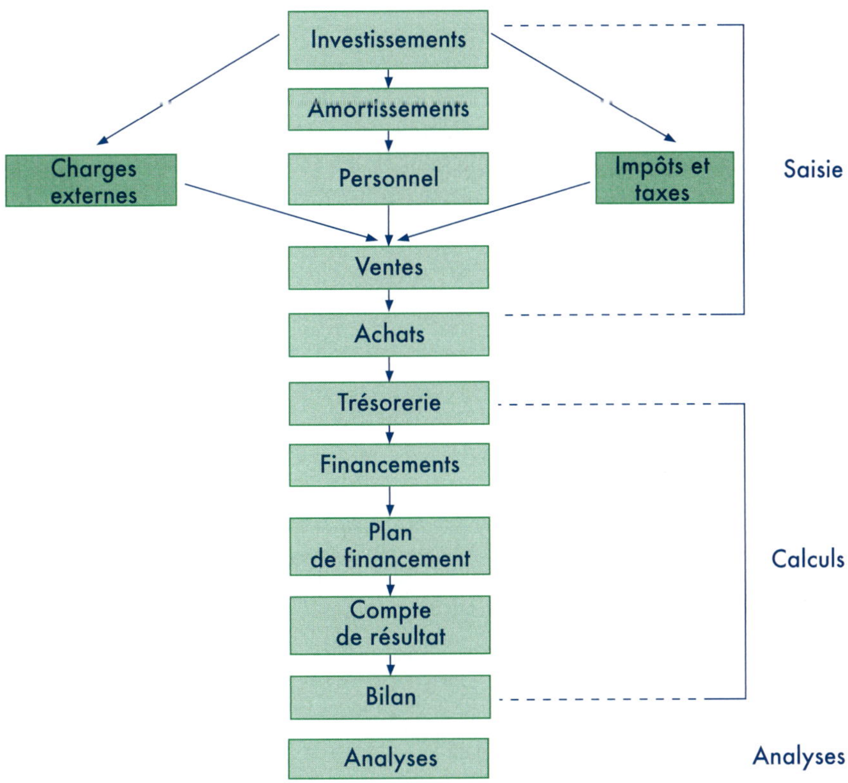

Les OUTILS

Le plan d'investissement

Plan d'investissement

Libellé	Année 1	Année 2	Année 3
Immobilisations incorporelles			
Frais d'enregistrement			
Honoraires avocats, notaires, experts.			
Dépôt de marque INPI			
Publicité au démarrage…			
Droit d'entrée franchise			
Brevet, licences			
Création site internet			
Logiciels			
Fonds de commerce ou droit au bail			
Immobilisations corporelles			
Terrains			
Constructions			
Appareils de production			
Outillage de production			
Travaux/aménagements			
Véhicules			
Mobilier de bureau			
Matériel informatique…			
Immobilisations financières			
Garanties sur loyers			
Garanties professionnelles			

En résumé

Toute entreprise a besoin de moyens durables pour pouvoir travailler et réaliser ses objectifs. Ces moyens restent d'une manière permanente dans l'entreprise. Ces moyens – appelés immobilisations de point de vue comptable – sont de trois types : immobilisations incorporelles, corporelles et financières.

L'entreprise doit assurer le financement de ses investissements par des capitaux propres ou par des emprunts à long terme.

Insight

All companies need sustainable resources if they are to be able to function effectively and achieve their objectives. These resources belong to the company on a permanent basis. Termed "fixed assets" for accounting purposes, they are of three kinds : intangible assets, tangible assets, and financial assets.

Companies must fund their investments with own capital or long-terms loans.

Pourquoi l'utiliser ?

Objectifs

Posséder un certain nombre de biens pour pouvoir travailler et assurer la qualité et le volume des produits et/ou services est essentiel. **Ces moyens sont appelés du point de vue comptable immobilisations**. Ces moyens restent d'une manière durable dans l'entreprise pour assurer le bon fonctionnement et aussi déterminer sa valeur. Ils sont évalués dans le tableau appelé **Plan d'Investissement**.

Toutes les dépenses qui concernent le démarrage et l'expansion de l'entreprise.

Contexte

Le recensement des immobilisations, ainsi que leur classement dans une catégorie (incorporelles, corporelles et financières) sont une obligation légale. Ces immobilisations apparaissent en première partie du bilan. De plus ces investissements doivent être amortis (voir fiche Amortissements).

Comment l'utiliser ?

Étapes

• **Traduire les études** concernant la production et les moyens à mettre en œuvre.
• **Déterminer exactement le moment** où ces moyens sont nécessaires (inutile d'acheter dès l'installation des biens qui seront nécessaires plus tard).
• **Faire une première liste d'investissement** avec des moyens de bonne qualité.
• Étudier les appels d'offres en faisant particulièrement attention à la qualité, aux délais de livraison et aux conditions de paiement (en principe, les fournisseurs n'accordent pas de délais de paiement aux nouvelles entreprises).
• **Créer le tableau d'investissement** le plus détaillé possible et l'envisager sur les trois premières années d'exploitation.

Méthodologie et conseils

• Faire un premier jet en choisissant des investissements de bonne qualité et en privilégiant l'achat plutôt que la location ou la sous-traitance d'une partie de la production.
• Une fois la partie financière terminée, et les besoins en capitaux estimés, si les moyens de financement des immobilisations sont insuffisants, faire un autre plan d'investissement en privilégiant la location des locaux, le crédit-bail pour l'appareil de production ou la sous-traitance d'une ou plusieurs parties de la production. Tout ceci pour diminuer le montant des investissements.
• La qualité des produits et services dépend entre autres de la qualité de ces investissements. Dans le cas de manque de financement, ne pas diminuer la qualité. ■

Avantages

✔ Les immobilisations font partie du patrimoine de l'entreprise et à part le fait qu'elles donnent les moyens nécessaires au bon fonctionnement de l'entreprise, elles donnent aussi de la « valeur » à l'entreprise.

✔ Elles sont appréciées à leur juste valeur par les investisseurs (dans le cadre de leur entrée dans le capital) et les banquiers (en cas d'emprunts elles peuvent servir de garantie).

✔ L'état et les collectivités locales aident l'installation et les achats des immobilisations en les subventionnant (subventions d'investissements).

Précautions à prendre

✔ Ne jamais sous-estimer les investissements (surtout lors de la création de l'entreprise).

✔ Négocier les prix et les conditions de paiement.

✔ Choisir le moment opportun pour investir.

Les amortissements

Les différents types d'amortissement

Éléments amortissables	Éléments non amortissables
Immobilisations incorporelles • Frais d'établissement (sur 5 ans) • Frais de recherche et développement (sur 5 ans) • Brevets, licences (sur 5 ans)	**Immobilisations incorporelles** • Fonds de commerce • Droit au bail • Marques
Immobilisations corporelles • Constructions (20 à 50 ans) • Matériel de production (5 à 10 ans) • Aménagements des locaux, agencements des bureaux, points de vente (10 à 20 ans) • Matériel de transport (4 à 5 ans) • Mobilier des usines. (5 à 10 ans) • Mobilier (5 à 10 ans) • Ordinateurs, imprimantes (3 ans)	**Immobilisations corporelles** • Terrains • Œuvres

En résumé

Le principe de l'amortissement d'un investissement permet d'étaler son coût d'achat sur sa durée d'utilisation, différente pour chaque catégorie de bien. Chaque année, en fin d'exercice, l'entreprise doit calculer les « dotations aux amortissements » pour les biens amortissables selon un taux en fonction de la durée habituelle d'utilisation du bien.

Il a une fonction juridique (l'immobilisation se déprécie du fait de l'usure ou devient obsolète par la sortie sur le marché de nouveaux appareils), financière (qui souligne que l'entreprise doit renouveler ses investissements) et fiscale (obligation vis-à-vis des règles de comptabilité).

Insight

Depreciation involves financing products over their period of use. Depreciation is calculated differently for different assets. At the end of every financial year, companies must calculate provisions for depreciation defined in regard to the average period of use of the asset in question.

Depreciation has a legal function (the asset depreciates through wear and tear or becomes obsolete as new products are introduced on the market) ; a financial function (which underlines the necessity for the firm of making new investments) ; and a fiscal function (an obligation to respect tax rules).

Pourquoi l'utiliser ?

Objectif

Le principe des amortissements est une obligation légale. Elle permet à l'entreprise d'étaler le coût des immobilisations sur plusieurs années en faisant des **« réserves » annuelles appelées dotations aux amortissements**. Ces « réserves » lui permettent ensuite de renouveler ces biens plus facilement.

Contexte

Le code général des impôts oblige les entreprises à calculer à la fin de chaque exercice comptable (écritures de fin d'année) les amortissements et porter au bilan les immobilisations en valeur d'achat et les amortissements cumulés jusqu'à la date de clôture du bilan. La valeur nette comptable des immobilisations – qui est la différence entre le prix d'achat et les amortissements cumulés – est aussi calculée (voir bilan de fin d'exercice).

Principe comptable qui permet de renouveler plus facilement les investissements.

Comment l'utiliser ?

Étapes

• **Bien identifier les immobilisations amortissables** de celles qui ne sont pas amortissables et tenir une liste détaillée.

• **Choisir la méthode d'amortissement** (linéaire ou dégressif) et la durée d'amortissement (qui doit être conforme au code des impôts).

• Si une immobilisation est achetée au cours de l'année, appliquer le calcul au ***prorata temporis***.

• Porter les résultats des calculs en **dotation aux amortissements** dans le compte de résultat.

• Ajouter le montant des dotations de l'année aux amortissements déjà calculés les années précédentes pour calculer les amortissements cumulés.

• **Porter les montants calculés dans le compte de résultat** en diminuant l'excédent brut d'exploitation. (voir compte de résultat)

Méthodologie et conseils

• Lors de chaque achat, faire la différence entre les immobilisations d'une part, et les charges externes (qui sont des achats courants pour l'entreprise) et les achats des matières premières et de marchandises destinés à la revente d'autre part.

• Le code des impôts donne la possibilité de pratiquer l'amortissement sur une période plus courte si des conditions particulières d'exploitation le justifient. Certains biens peuvent être amortis sur 12 ou 24 mois selon les cas. Il s'agit de l'amortissement exceptionnel. Sont notamment concernés les logiciels, les matériels destinés à économiser l'énergie. ■

Avantages

✔ Du point de vue comptable l'entreprise étale la comptabilisation des achats d'immobilisations sur plusieurs années.

✔ Chaque année l'entreprise calcule les « dotations aux amortissements » qui diminuent son résultat net comptable et lui font faire des économies d'impôts (voir compte de résultat).

Précautions à prendre

✔ Lors de l'achat, bien définir si le bien acheté est immobilisé ou non (achat sur une seule facture d'une imprimante – immobilisation – et de cartouches d'encre – charge externe).

✔ Tenir une liste détaillée des immobilisations avec valeur et date d'achat.

✔ Ne pas oublier d'éliminer de la liste les immobilisations vendues, les immobilisations qui sont définitivement hors service ainsi que celles qui sont complètement amorties.

Outil 50 Les charges externes

Tableau des principales charges externes

Libellé	Type	Année 1	Année 2	Année 3
Eau production	Variable			
Électricité production	Variable			
Autres énergies production	Variable			
Eau bureaux	Fixe			
Électricité bureaux	Fixe			
Fournitures administratives	Fixe			
Redevance crédit-bail	Fixe			
Location	Fixe			
Charges locatives	Fixe			
Entretiens & réparations	Fixe			
Assurances	Fixe			
Études et recherches	Fixe			
Personnel intérim.	Fixe			
Honoraires expert-comptable	Fixe			
Honoraires avocat	Fixe			
Autres honoraires	Fixe			
Publicité	Fixe			
Transport	Variable			
Frais postaux	Fixe			
Frais de télécommunications	Fixe			
Frais de représentation	Fixe			
Frais de déplacements	Fixe			
Services bancaires	Fixe			
Cadeaux d'entreprise	Fixe			
Divers	Fixe			

En résumé

Ces charges externes nécessaires à la bonne marche de l'entreprise regroupent toutes les dépenses qui ne sont ni des immobilisations, ni des marchandises destinées à la revente, ni des matières premières qui entrent dans le processus de la production.

Elles peuvent être fixes et variables. Les charges variables sont « indexées » par rapport à l'activité de production et/ou aux ventes, tandis que les charges fixes en sont indépendantes.

Insight

These external charges, which are necessary to ensure that the company is run efficiently, include all expenditure excluding fixed assets, goods purchased to be sold, and raw materials used in the production process.

They can be fixed or variable. Variable charges are "indexed" to the production activity and/or sales, while fixed charges are independent.

Pourquoi l'utiliser ?

Objectif

Recenser les charges externes, les différencier des autres achats (immobilisations, achats des matières premières et de produits destinés à la revente), recenser leur saisonnalité et les modalités de paiement est essentiel, d'une part, pour la bonne marche de l'entreprise et, d'autre part, du point de vue financier. **Leur connaissance précise sera une information capitale pour optimiser la gestion mensuelle de la trésorerie** (par l'intermédiaire du tableau de trésorerie).

Contexte

Les charges externes qui regroupent les dépenses courantes de l'entreprise, diminuent la marge globale de l'entreprise, ce qui permet de calculer la Valeur Ajoutée dans le compte de résultat (voir l'outil compte de résultat).

Charges courantes hors achat de matières premières et investissements.

Comment l'utiliser ?

Étapes

- **Recenser les besoins annuels en charges externes** de chaque service/fonction de l'entreprise.
- Pour chaque élément de charges externes, définir le montant annuel et la fréquence d'achat (début d'exercice, mensuelle, bimensuelle, semestrielle, fin d'exercice).
- **Pour chaque fournisseur**, recenser les délais de paiement et essayer d'avoir les délais les plus longs possible pour faciliter la trésorerie de l'entreprise.
- **Porter les valeurs TTC décaissées** dans le tableau de trésorerie.

Méthodologie et conseils

- Procéder par service pour ne pas oublier de charges.
- Se renseigner et ne pas hésiter à demander des devis auprès de différents prestataires pour trouver le meilleur rapport qualité/prix.
- Pour faciliter les calculs, utiliser la notion de charges externe variable. Par exemple, pour une production de 1 000 €, l'entreprise dépense 10 € d'électricité : => charge externe : électricité de production = 1 % de la production.
- Le recours à du personnel intérimaire doit être considéré comme une charge externe et non comme du personnel de l'entreprise (l'entreprise d'intérim facture). ■

Avantages

✔ La prise en compte des charges externes avec leurs modalités (saisonnalité, délai de paiement) permet de prévoir les dépenses mensuelles de l'entreprise et donc une meilleure gestion de la trésorerie.

Précautions à prendre

✔ Ne pas gaspiller les fonds de l'entreprise en achetant et stockant. Acheter au bon moment.

✔ Trouver des fournisseurs alternatifs (par ex. : téléphone + Internet illimités au lieu de deux abonnements).

✔ Ne pas sous-estimer ces charges et leurs caractéristiques (saisonnalité, modalités de paiement).

Outil 51 La trésorerie

Le tableau de trésorerie

Intitulé	Mois 1	Mois 2	...	Total année
Encaissements :				
Clients				
Apports en capital				
Comptes courants d'associé				
Emprunts				
Subventions d'investissement				
Subventions d'exploitation				
Remboursement crédit d'IS				
Total des encaissements				
Décaissements :				
Fournisseurs				
Charges externes et autres achats				
Personnel				
Impôts et taxes (hors IS)				
Immobilisations				
Comptes courants d'associé				
Remboursements d'emprunts				
TVA à payer				
Impôt sur les sociétés				
Agios bancaires				
Total des décaissements				
Trésorerie début de période				
Écart (encaiss. moins décaiss.)				
Trésorerie fin de période				
Intérêts sur découvert				

La trésorerie mensuelle se calcule grâce au tableau de trésorerie et se visualise par un graphique.

En résumé

Le tableau de trésorerie recense tous les encaissements (entrée de fonds) et décaissements (sorties de fonds) prévus au cours de l'année en les ventilant mois par mois dans douze colonnes.

Chaque entrée ou sortie de fonds (encaissement/décaissement) est portée à la colonne du mois prévu pour l'opération. Les opérations sont comptabilisées toutes taxes comprises, déterminant ainsi le solde de trésorerie du mois, puis un solde de trésorerie cumulée d'un mois sur l'autre.

Insight

The cash flow table includes all receivables (monies in) and expenditures (monies out) over the course of the year listed on a monthly basis in twelve columns. All monies in and monies out are featured in the appropriate monthly column.

All monies in and monies out are listed in the column pertaining to the month in which the transaction occurs. Transactions are entered inclusive of VAT, thus determining the month's cash holdings, with accumulated cash holdings including those of the previous month.

Pourquoi l'utiliser ?

Objectif

Définir avec précision les entrées et sorties d'argent de chaque mois pour :

- en cas de besoin de fonds, pour un ou plusieurs mois, pouvoir apporter des solutions (diminution des charges, appel au crédit bancaire à court terme ou dans le cas d'insuffisance chronique augmentation du capital) ;
- en cas d'excédent de fonds, faire des placements pour éviter d'avoir des fonds qui ne rapportent pas.

Contexte

Chaque mois, l'entreprise encaisse le produit des ventes et décaisse des dépenses. Si une entreprise n'est pas capable de payer ses obligations, elle aura des problèmes avec ses employés pour non-paiement des salaires, avec les fournisseurs qui risquent de ne pas livrer les marchandises, avec l'État (paiement de la TVA) ou la Sécurité Sociale (paiement des charges salariales et patronales). Cette impossibilité de payer entraîne de gros problèmes pour l'entreprise qui parfois peuvent entraîner sa liquidation.

La première cause de défaillance des jeunes entreprises.

Méthodologie et conseils

- Procéder avec rigueur et de manière analytique.
- En cas de doute concernant les encaissements, les déplacer au mois suivant par prudence.
- Le code des impôts offre la possibilité aux entreprises de comptabiliser la TVA soit au moment de la facturation, soit au moment de l'encaissement – décaissement. Pour augmenter la trésorerie, comptabiliser la TVA sur les encaissements – décaissements.
- Payer les charges sociales et la TVA par trimestre, et non par mois, pour les mêmes raisons.
- Suivre les clients douteux et – si possible – les enlever du tableau (principe de prudence).
- Prévenir la banque pour une éventuelle défaillance sur un ou deux mois pour obtenir un découvert ou un prêt à court terme.

Comment l'utiliser ?

Étapes

- **Créer un tableau des encaissements-décaissements TTC** détaillé par poste, suivant l'exemple.
- **Calculer** : total encaissements, total décaissements, trésorerie en début de période, écart, trésorerie fin de période.
- **Analyser** : si la trésorerie est positive, l'entreprise n'a pas de problèmes ; en revanche, si la trésorerie est négative, il faudra trouver des solutions adaptées.
- Après la création de l'entreprise, suivre avec attention la situation réelle de la trésorerie pour éviter tout problème avec les banquiers ou les interlocuteurs habituels.

Avantages

✔ Un tableau de trésorerie équilibré et documenté permet à l'entreprise de ne pas avoir de problèmes de fins de mois. Il permet aussi d'anticiper les problèmes de liquidités et de prévoir des solutions adaptées.

✔ Il permet un meilleur dialogue avec la banque.

Précautions à prendre

✔ Si ce document prévisionnel devait faire ressortir une impasse de trésorerie à un certain moment, trouver une solution avant le démarrage de l'entreprise. En effet, si statistiquement 17 % des entreprises nouvelles disparaissent au cours de la première année, c'est pour beaucoup en raison de problèmes de paiements courants !

✔ La partie encaissements est basée sur des éléments certains.

✔ Tenir toujours à jour le tableau de trésorerie !

• • • ▶

Comment être plus efficace ?

L'analyse du bilan permet (avec les calculs du FR, du BFR et de la trésorerie qui en résulte) de déterminer les fonds nécessaires à l'installation et au financement de l'entreprise. Or la trésorerie ainsi trouvée est calculée à un moment précis et ne prend pas en compte la saisonnalité des encaissements et décaissements.

La première année est difficile pour les nouvelles entreprises. Les fournisseurs ne font pas de crédit, les délais d'installation sont plus ou moins longs, les clients payent à crédit. Par contre l'entreprise doit financer les immobilisations et les premiers mois d'exploitation, jusqu'au moment où les recettes permettent à l'entreprise de vivre.

Le tableau de trésorerie prévisionnelle de la première année permet d'établir avec exactitude et d'une manière empirique les capitaux nécessaires à la création de l'entreprise pour financer les investissements et le BFR.

Exemple d'une entreprise faisant un investissement de 85 366 TTC € avec les premiers paiements des clients en mai, sans demande de remboursement de la TVA.

Commencer la création du tableau de trésorerie en apportant sur la partie encaissements uniquement les encaissements prévus des clients, et en apportant tous les décaissements. Sur le graphique 1, les décaissements commencent dès le mois de janvier à cause des achats d'immobilisations et des frais courants de l'entreprise, par contre les encaissements commencent au mois de mai à cause du temps nécessaire pour l'installation de l'entreprise. La trésorerie est donc négative jusqu'au mois de juin. À partir de cette date, les encaissements font vivre l'entreprise.

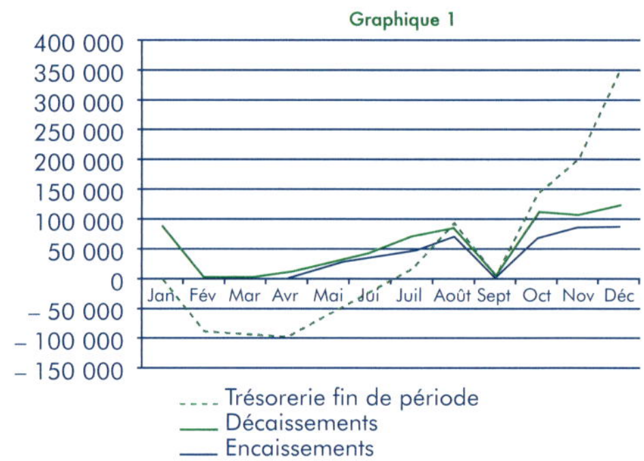

Augmenter (graphique 2) les encaissements du mois de janvier (poste apport en capital) jusqu'à obtenir une trésorerie positive (pour l'exemple, une augmentation de ce poste de 110 000 € en janvier). Cette somme représente les capitaux nécessaires dont l'entreprise doit disposer pour commencer son activité.

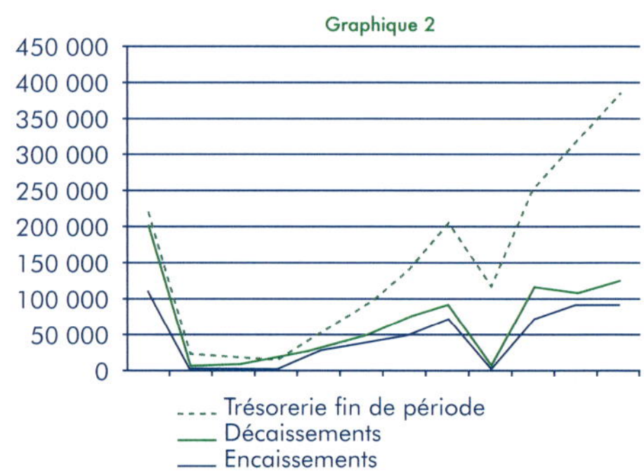

Pour les trois premières années du budget prévisionnel il met en évidence les manques de liquidités qui risquent de se produire.

Le porteur de projet doit suivre le tableau de trésorerie avec sérieux tout au long de la vie de l'entreprise pour apporter des solutions avant leur parution.

Exemple de **Tableau de trésorerie prévisionnelle**

Ce tableau doit être le plus détaillé possible. ■

	Janv.	Févr.	Mars	Avr.	Mai	Juin	Juil.	Août	Sept.	Oct.	Nov.	Déc.	Total
Encaissements :													
Clients		11 960	11 960	52 959	61 021	94 532	94 532	61 905	41 573	151 342	101 708	119 409	802 901
Apports en capital	100 000												100 000
Comptes courants d'associé	50 000												50 000
Emprunts	40 000												40 000
Subventions d'investissement													
Subventions d'exploitation	660	660	660	660	660	660	660	660	660	660	660	660	7 920
Remboursement crédit de TVA						21 856							21 856
Remboursement crédit d'IS													
Total des encaissements	190 660	12 620	12 620	53 619	61 681	117 048	95 192	62 565	42 233	152 002	102 368	120 069	1 022 677
Décaissements :													
Fournisseurs		194	3 675	11 428	14 014	22 809	22 110	11 519	13 058	35 653	23 229	30 746	188 435
Charges externes & autres achats	9 977	17 746	14 940	22 009	23 465	29 103	24 644	21 602	25 552	35 852	29 809	38 135	292 834
Personnel	9 265	9 265	11 585	34 714	12 244	12 693	40 491	12 144	12 145	41 091	12 694	13 027	221 358
Impôts et taxes (hors IS)													
Immobilisations	26 980	126 178	9 568										162 726
Comptes courants d'associé												50 000	50 000
Remboursements d'emprunts	1 791	1 791	1 791	1 791	1 791	1 791	1 791	1 791	1 791	1 791	1 791	1 791	21 492
TVA à payer					4 968	5 930	9 054	9 604	6 308	3 069	15 219	10 270	64 422
Impôt sur les sociétés													
Agios bancaires				288			858			100			1 246
Total des décaissements	48 013	155 174	41 559	70 230	56 482	72 326	98 948	56 660	58 854	117 556	82 742	143 969	1 002 513
Trésorerie début de période		142 647	93	– 28 846	– 45 457	– 40 258	4 464	708	6 613	– 10 008	24 438	44 064	
Écart (encaiss. moins décaissement.)	142 647	– 142 554	– 28 939	– 16 611	5 199	44 722	– 3 756	5 905	– 16 621	34 446	19 626	– 23 900	20 164
Trésorerie fin de période	142 647	93	– 28 846	– 45 457	– 40 258	4 464	708	6 613	–10 008	24 438	44 064	20 164	20 164
Intérêts sur découvert			288	455	403				100				1 246

Outil 52 Les modes de financement

Modes de financement suivant les étapes de développement

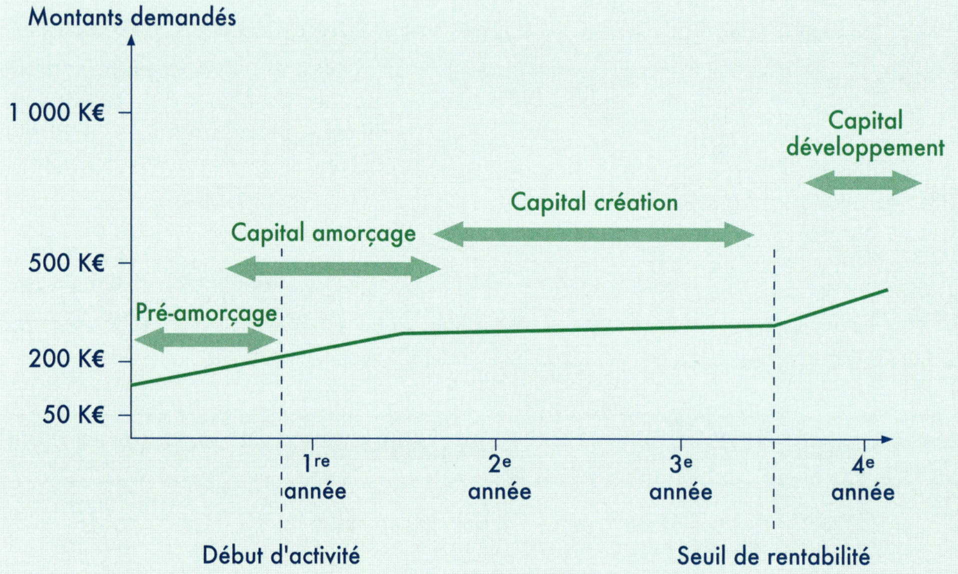

Pré-amorçage	Capital amorçage	Capital création	Capital développement
Apport personnel	Capital de proximité	Business angels	Fonds nationaux
Love money	Business Angels	Corporate venture	Fonds de développement
Prêts d'honneur	Incubateurs	Capital risque	Fonds Internationaux
Oséo	Oséo	Fonds nationaux	Banque
		Banque	

En résumé

Pour financer le lancement de l'entreprise, il existe plusieurs sources de financement : les fonds propres, provenant du ou des créateurs, de la famille et de l'entourage (*love money*), des investisseurs privés (*business angels*) ou de sociétés, le prêt des créateurs, le crédit-bail, les subventions d'investissement et les emprunts bancaires.

Insight

There are a number of ways of financing a start-up company : own funds are supplied by the entrepreneur or entrepreneurs, or by the family or entourage (love money), by private investors (business angels), or by companies, entrepreneur loans, leasing, investment subsidies, or bank loans.

Pourquoi l'utiliser ?

Objectif

Recenser les différentes sources de financement nécessaires pour le lancement de l'entreprise et **trouver les fonds nécessaires** auprès des différents interlocuteurs **en fonction du stade de développement** de l'entreprise.

Contexte

Le créateur ne dispose pas le plus souvent de la totalité des fonds pour financer le démarrage de l'entreprise ni ses premiers succès, son décollage et sa maturité.
Les entreprises sont financées au départ à un tiers par la *love money*, un tiers par des prêts et un tiers par d'autres sources.

Comment l'utiliser ?

Évaluer les avantages et les inconvénients de chaque mode.

Étapes

• **Recenser ses propres apports**, ses propres fonds et présenter le projet à la famille et aux proches en demandant leur participation.
• **Faire appel aux business angels**. Ces personnes apportent non seulement leur contribution financière mais aussi leur expérience professionnelle et leur réseau.
• **Recenser les possibilités de subventions d'investissement**. Ne prendre en compte que les subventions pour lesquelles on a une grande chance de les obtenir.
• Se renseigner sur la possibilité de financer ses immobilisations par le **crédit-bail**.
• S'informer auprès des **banques** sur les possibilités d'emprunts (PCE et prêt associé).
• Recenser et s'informer sur les sociétés qui apportent le **capital d'amorçage et capital-risque** et leurs conditions de participation. En effet, chaque société a ses propres modalités pour apporter des fonds (sous forme de participation au capital social, sous forme d'obligations convertibles portant des intérêts mensuels et à la fin du plan convertibles en actions, avec ou sans possibilité de rachat par le porteur du projet, etc.) en intervenant ou pas à gestion courante de l'entreprise.

Méthodologie et conseils

S'agissant d'un projet technologique le porteur de projet doit se renseigner sur les aides qu'apportent les incubateurs, pépinières et les différents concours à la création d'entreprise.
Préparer un dossier complet avec toutes les annexes apportant des explications et une présentation claire du projet, démontrant sa faisabilité, sa viabilité et sa rentabilité. ■

Avantages

✔ Le financement extérieur apporte le supplément de fonds nécessaire pour la création de l'entreprise en partageant le risque entre plusieurs partenaires qui, tout en espérant une rentabilité du capital investi, peuvent aider l'entreprise dans sa gestion et son expansion.

Précautions à prendre

✔ Le monde des sociétés qui apportent leur financement aux entreprises est particulier. Avant de les rencontrer, s'informer sur la société et ses habitudes et se faire accompagner par des personnes expérimentées dans ce domaine.

✔ Annoncer toujours des faits pour lesquels des preuves existent.

✔ Trouver des fonds extérieurs ne peut se faire que si le créateur apporte lui-même du capital, partageant aussi le risque avec les partenaires extérieurs.

Outil 53 Le plan de financement

Tableau de financement

Besoins durables	Ressources durables
• Frais d'établissement	• Les fonds propres
• Immobilisations	– Capital social
	✔ Apport personnel
	✔ Love money
	✔ Business angels
	✔ Apports des sociétés de capital-risque
	– Comptes courants des associés
	– Les subventions d'investissement
• Besoin en fonds de roulement	• Les financements externes
	– Emprunts bancaires

Identifier les ressources financières nécessaires au démarrage de l'entreprise.

En résumé

Composé de deux colonnes, le plan de financement recense les besoins de l'entreprise et les ressources durables qu'elle possède pour les financer. La création d'entreprise est impossible si les besoins sont supérieurs aux ressources. Les ressources doivent couvrir les besoins, à savoir les frais d'établissement, les immobilisations et le besoin en fonds de roulement.

Chaque année, le plan de financement est actualisé.

Insight

Made up of two columns, the finance plan lists the needs of the company and the sustainable assets which it can access in view of financing those needs. It is impossible to set up a business if needs are superior to assets. Assets must cover needs such as start-up expenses, fixed assets and running costs.

The finance plan is brought up-to-date on a yearly basis.

Pourquoi l'utiliser ?

Objectif

Recenser les ressources financières nécessaires pour financer les frais d'établissement, l'achat des immobilisations et le besoin en fonds de roulement qui sert à financer les premiers mois de l'activité. **L'entreprise ne pourra pas démarrer si ses besoins ne sont pas couverts par des fonds durables.**

Contexte

Suivant le type d'activité, l'entreprise doit posséder des ressources financières plus ou moins importantes pour équilibrer le tableau de financement initial. **Ce tableau est particulièrement étudié par les partenaires financiers.**

Diversifier au maximum les ressources durables sans perdre le contrôle de l'entreprise.

Comment l'utiliser ?

Étapes

- **Constituer le capital social.** Ne pas oublier que la constitution du capital social donne le pouvoir au sein de l'entreprise et sa composition est la base de la distribution des dividendes. Le capital social provient :
  - des apports personnels des créateurs ;
  - de l'argent de la famille et des proches (*love money*) qui veulent aider la création ;
  - des investisseurs privés (business angels) qui voient une opportunité, en participant à la création, de gagner de l'argent ;
  - des sociétés de capital-risque, sociétés qui placent l'argent de leurs clients en prenant des participations dans des sociétés prometteuses.
- **Apporter des fonds** en « Comptes courants des associés ». Pour ne pas changer le rapport de forces entre les futurs associés, un ou plusieurs créateurs peuvent prêter de l'argent à l'entreprise pour une certaine durée, avec un taux d'intérêt fixé.
- **Porter les subventions d'investissements.** Les pouvoirs publics, afin de créer de l'activité et de l'emploi, peuvent aider les nouvelles entreprises en les subventionnant.
- **Porter les emprunts bancaires à long terme** accordés par les établissements financiers.
- **Équilibrer le tableau.**

Méthodologie et conseils

- Le créateur ne peut pas faire appel à des personnes ou sociétés extérieures s'il ne prouve pas que lui aussi prend des risques en créant l'entreprise (traduit par l'apport personnel). Son apport doit être proportionnel aux besoins.
- Les possibilités de subvention d'investissement sont limitées et les prétendants nombreux. Ne pas compter sur ces montants, sauf s'ils sont certains. Les investisseurs extérieurs et les établissements financiers vont demander des preuves écrites concernant ces subventions.
- Les établissements financiers demandent des garanties. Ils préfèrent prêter aux sociétés qui possèdent des immobilisations ou demandent des garanties sur la fortune personnelle du créateur. Cette dernière possibilité doit être exclue par le porteur. ■

Avantages

✔ Avoir les sommes nécessaires pour financer les immobilisations et le besoin en fonds de roulement est une nécessité pour la création d'une entreprise. Un plan de financement équilibré est un gage de succès.

Précautions à prendre

✔ Les besoins financiers durables doivent être couverts par des ressources de même nature. Les totaux des deux colonnes du plan de financement initial doivent donc être égaux.

✔ Ne pas sous-estimer le besoin en fonds de roulement.

✔ Apporter une attention particulière à la composition du capital social.

• • •

Comment être plus efficace ?

Le plan de financement doit être étudié sous trois aspects.

Aspect financier

Après avoir prouvé la viabilité et la rentabilité de l'entreprise, le porteur rencontre la première difficulté : **Trouver les fonds nécessaires pour financer son lancement**.

Ces fonds doivent absolument couvrir les investissements et le besoin en fonds de roulement.

Si les fonds réunis ne sont pas suffisants, on peut agir sur deux fronts pour apporter des modifications :

1. Étude organisationnelle

Locaux : diminuer la surface des locaux, déplacer les locaux dans des zones moins chères, louer plutôt que de construire.

Équipement : rechercher de nouveaux fournisseurs pour baisser les prix, acheter le strict nécessaire pour lancer la production du départ, acheter des équipements de deuxième main ou utiliser son propre matériel.

Avoir recours au crédit-bail (location de longue durée) qui permet à l'entreprise de faire acheter par une société spécialisée un certain nombre d'immobilisations et de les utiliser en payant un loyer mensuel, diminuant ainsi les besoins en financement.

2. BFR

Analyser ses composantes (décaissements) en utilisant le tableau de trésorerie des premiers mois pour trouver des solutions afin de le diminuer (crédit fournisseurs plus long, personnel embauché au bon moment, recours à du personnel intérimaire ou à mi-temps, diminution des salaires des associés).

De toute manière la création d'entreprise ne doit pas être faite si les fonds nécessaires ne sont pas réunis.

Partage du pouvoir

La répartition du capital social de l'entreprise entre associés et autres partenaires a des impacts sur la vie de l'entreprise et notamment en terme de partage du pouvoir.

Suivant le pourcentage du capital social détenu, un actionnaire (SA) ou un associé (SARL) peut être :

- majoritaire (50 % des parts + 1 voix) ;
- minoritaire ;
- minoritaire avec pouvoir de blocage (25 % des parts plus une voix pour les SARL constituées avant l'entrée en vigueur de la loi n° 2005-882 du 2 août 2005 ou 1/3 des parts plus une voix pour les SARL constituées après l'entrée en vigueur de la loi du 2 août 2005).

Il est conseillé au porteur de projet d'une part de ne pas perdre le pouvoir majoritaire, et d'autre part d'éviter des situations impossibles (partage du capital 50 %, – 50 %).

Distribution des bénéfices

En cas de distribution des bénéfices, ces derniers sont **partagés au prorata de la participation au capital**.

Les investisseurs extérieurs attachent une grande importance au niveau de la participation du porteur dans le capital social et au niveau de son salaire. Ils souhaitent que le porteur du projet partage le risque financier avec eux en participant fortement au capital social. Ils examinent aussi la relativité des salaires du ou des porteurs par rapport aux fonds demandés. Ils n'apprécient pas que les créateurs récupèrent rapidement leur capital investi avec leurs salaires. De plus ils ne veulent pas que leur participation au capital de la société serve en grande partie à payer les salaires du ou des porteurs !

Exemple de
Plan de financement

Plan de financement initial			
Intitulé	**2006**	**Intitulé**	**2006**
Immobilisations		**Financements**	
Incorporels	13 000	**Apports en capital**	100 000
Frais d'établissement	5 000	Capital social – porteur	51 000
Logiciels gestion	3 000	Capital social – associé	30 000
Logiciel dessin	5 000	Cap. soc. business angel	19 000
Corporels	105 500	Cptes courants d'associé	50 000
Machine n° 1	34 000	+ Augmentation	50 000
Machine n° 2	25 000	Prêt PDG	50 000
Machine n° 3	15 000	– Remboursement	
Matériel-outillage	9 000	**Emprunts**	40 000
Poste ordi création	4 000	Emprunt bancaire	40 000
Mat. info gestion	6 500	Subv. d'investissement	
Matériel bureau	12 000	**Ventes d'immobilisation**	
Financiers	21 000	Incorporels	
Dépôts et cautions	21 000	Corporels	
A. Total des immobilisations	139 500	Financiers	
Cessions d'immobilisations :			
Incorporels			
Corporels			
Financiers			
B. Total des cessions d'immo			
Total immobilisations	139 500		
BFR	50 500		
Total	190 000	**A. Total des financements**	190 000

Cet exemple de tableau de financement initial réserve 139 000 € aux investissements et 50 500 € au fonds de roulement, pour une somme de 190 000 € de financement, financements apportés par le porteur du projet (majoritaire), un associé et un business angel (minoritaires).

Le porteur du projet, disposant des liquidités pour une courte période (1 an) a octroyé un prêt de 50 000 € à la société (compte courant d'associés) pour cette durée. Ce prêt lui permet de récupérer son argent au bout d'un an (avec des intérêts) et n'alterne pas l'équilibre des forces dans la société.

Le montant des immobilisations corporelles (105 500 €) permet à un établissement financier d'octroyer un prêt garanti de 40 000 €. ■

Outil 54 Le bilan

L'état du patrimoine

Bilan	
Actif	**Passif**
Ce qu'on a fait de l'argent de l'entreprise	*L'origine de l'argent de l'entreprise*
Immobilisations	**Les capitaux propres**
Argent immobilisé	*L'argent de l'entreprise*
Frais d'établissement	Capital et primes d'émission (5)
Immobilisations corporelles	Réserves, report à nouveau et subventions d'investissement (6)
Immobilisations incorporelles	Provisions réglementées (7)
Immobilisations financières	
L'actif circulant	**Les dettes**
Argent qui circule dans l'entreprise ou que les clients lui doivent	*Ce que l'entreprise doit.*
Stocks et encours (1)	Dettes financières (8)
Créances d'exploitation (2)	Autres dettes
Valeurs mobilières de placement (3)	Avances clients (9)
Disponibilités (4)	Dettes envers les fournisseurs (10)

1. Stock de matières premières, produits finis et en cours de fabrication.
2. Sommes dues par les clients.
3. Participation au capital d'autres sociétés.
4. Sommes disponibles en caisse ou à la banque.
5. Sommes apportées par les actionnaires.
6. Sommes des bénéfices non distribués et subventions d'investissement reçus.
7. Sommes pour couvrir les différents risques de l'entreprise.
8. Sommes dues aux établissements de crédit.
9. Sommes avancées par les clients pour des commandes non encore honorées.
10. Sommes dues aux fournisseurs.

En résumé

Le bilan est une **photographie** de l'entreprise à un certain moment : à la fin de l'exercice comptable. C'est une obligation d'établir un bilan pour les services fiscaux et un outil de gestion qui permet d'évaluer l'évolution du patrimoine de l'entreprise et sa santé financière par le calcul d'un certain nombre de ratios.

Insight

The balance sheet is a ***photograph*** *of the company at a given moment in time, or, in other words, at the end of the financial year. It is obligatory to draw up a balance sheet for the tax authorities. The balance sheet is a management tool which makes it possible to evaluate the evolution of the company's assets and its financial health by means of the use of a certain number of ratios.*

Pourquoi l'utiliser ?

Objectif

Le bilan, tout en recensant le patrimoine de l'entreprise, permet au créateur d'analyser la position de son entreprise en la comparant à des entreprises concurrentes importantes et avec le secteur d'activité.

La photo du patrimoine de l'entreprise.

Contexte

Le bilan fait partie de la liasse fiscale que l'entreprise doit soumettre aux services des impôts chaque année. C'est **une obligation légale**. Mais c'est **également un outil de gestion** qui permet au créateur de l'entreprise d'appréhender la structure et l'évolution de son entreprise et de la positionner par rapport à ses concurrents. Il permet de prendre des décisions stratégiques pour l'avenir de l'entreprise.

Comment l'utiliser ?

Étapes

- **Établir le bilan sur 3 ans** suivant la réglementation en vigueur.
- **Calculer le fonds de roulement** (FR), le besoin en fonds de roulement (BFR), et la trésorerie (méthode qui ne prend pas en compte les variations d'activité saisonnières).
- **Calculer la situation nette** : du fait de l'égalité entre actif et passif, la situation nette est la différence entre le total du bilan et le total des dettes.
- **Calculer les ratios de structure** :
  - Degré de liquidités (avec R1 + R2 + R3 = 100 %)
    - R1 : actif immobilisé/actif total ;
    - R2 : stocks/actif total ;
    - R3 : éléments d'actifs circulant hors stocks/actif total.
  - Structure de l'endettement : (avec R4 + R5 + R6 = 100 %)
    - R4 : capitaux propres/passif total ;
    - R5 : dettes à long terme/passif total ;
    - R6 : dettes à court terme/passif total.
  - L'indépendance financière :
    - R7 : capitaux propres/capitaux permanents.
  - Ratios de synthèse :
    - R8 : capitaux propres + dettes LT (capitaux permanents)/actif immobilisé ;
    - R9 : actif total/total dettes.
- **Analyser l'évolution de ces ratios pour les 3 années** et les comparer aux ratios du secteur de l'activité et de quelques concurrents.

Méthodologie et conseils

Un comptable ou un expert-comptable doit être en charge de ce travail pour aider le créateur à comprendre ces notions et le conseiller.

Avantages

✓ Une bonne analyse du bilan permet de prendre des mesures pour corriger certains éléments (distribution des dividendes, possibilité d'endettement pour financer l'expansion de l'entreprise, etc.), pour l'aider dans sa croissance et/ou lui éviter un certain nombre de problèmes (surendettement, etc.).

Précautions à prendre

✓ Chaque nouvel entrepreneur considère le bilan comme étant encore et seulement un document qui doit être remis aux services fiscaux chaque année comptable. Mais le bilan offre des possibilités pour analyser l'entreprise et prendre des décisions pour son évolution.

• • • ▶

Comment être plus efficace ?

BFR, FR, trésorerie

Une trésorerie positive (FR – BFR) permet à l'entreprise de financer son exploitation.

Situation nette

	Année 1	Année 2	Année 3
Total bilan	346 528	377 220	493 319
Total dette	196 980	148 723	148 559
Situation nette	149 548	228 497	344 760

Une augmentation de la situation nette signifie que les dettes diminuent plus vite que le patrimoine de l'entreprise, ce qui est dangereux. Une augmentation de la situation nette doit être recherchée.

Degré de liquidité R1, R2, R3

Ces ratios permettent de comparer le degré de liquidité du capital investi et son évolution.

	Année 1	Année 2	Année 3
Actif immobilisé	115 733	92 926	70 040
Actif total	346 528	377 220	493 319
R1	33,40 %	24,63 %	14,20 %

	Année 1	Année 2	Année 3
Stocks	18 912	21 465	3 187
Actif total	346 528	377 220	493 319
R2	5,46 %	5,69 %	0,65 %

	Année 1	Année 2	Année 3
Actif circulant	211 883	262 829	420 092
Actif total	346 528	377 220	493 319
R3	61,14 %	69,68 %	85,16 %

L'évolution dans le temps permet d'une part de voir les évolutions, mais aussi de se comparer aux données sectorielles. Il existe pour chaque secteur une composition idéale du capital. L'entreprise doit avoir comme but une structure proche de cet idéal.

Structure de l'endettement R4, R5, R6

Ces ratios calculent l'endettement relatif de l'entreprise.

	Année 1	Année 2	Année 3
Capitaux propres	149 548	228 497	344 760
Passif Total	346 528	377 220	493 319
R4	43,16 %	60,57 %	69,89 %

	Année 1	Année 2	Année 3
Dettes LT	0	0	0
Passif Total	346 528	377 220	493 319
R5	0,00 %	0,00 %	0,00 %

	Année 1	Année 2	Année 3
Dettes CT	196 980	148 723	148 559
Passif Total	346 528	377 220	493 319
R6	56,84 %	39,43 %	30,11 %

Ici encore l'évolution dans le temps de ces 3 ratios permet de voir les tendances pour l'entreprise et de comparer l'entreprise aux données sectorielles.

Indépendance financière R7

Utilisé par les organismes bancaires, ce ratio doit être supérieur à 50 % pour que ces établissements accordent des crédits à l'entreprise.

	Année 1	Année 2	Année 3
Capitaux propres	196 980	228 497	344 760
Capitaux permanents	196 980	228 497	344 760
R7	100,00 %	100,00 %	100,00 %

Exemple du **Bilan qui a permis de calculer les ratios**

Le bilan prévisionnel sur trois ans (qui diffère de celui demandé par les services des impôts) permet de calculer les différents ratios. Il doit être le plus détaillé possible. ■

Actif :	Année 1	Année 2	Année 3	Passif :	Année 1	Année 2	Année 3
Actif immobilisé :				**Capitaux propres :**			
Immobilisations incorporelles	10 333	7 666	5 000	Capital	100 000	100 000	100 000
+ Brut	13 000	13 000	13 000	Réserves et report à nouveau		49 548	128 497
– Amort.	2 667	5 334	8 000	Résultat de l'exercice	49 548	78 949	116 263
Immobilisations corporelles	84 400	64 260	44 040	Subventions d'investissement			
+ Brut	105 500	106 700	108 100	**Total capitaux propres**	**149 548**	**228 497**	**344 760**
– Amort.	21 100	42 440	64 060	**Dettes :**			
Immobilisations financières	21 000	21 000	21 000	Dettes financières	20 696		
+ Brut	21 000	21 000	21 000	Emprunts	20 696		
Total actif immobilise	**115 733**	**92 926**	**70 040**	Découvert			
Actif circulant :				Intérêts sur découvert			
Stocks de marchandises	6 682	7 516	1 124	Comptes courants d'associé			
Stocks de mat. prem.	12 230	13 949	2 063	Dettes fournisseurs	81 881	71 771	55 721
Encours de production				Fournisseurs	62 269	59 175	41 503
Créances clients	178 300	157 472	177 723	Fournisseurs d'investissement			
Autres créances	13 419	11 762	9 131	Charges externes et autres achats	19 612	12 596	14 218
TVA déductible	13 419	11 762	9 131	Autres dettes	94 403	76 952	92 838
Crédit de TVA				Personnel	29 306	28 292	29 347
Crédit d'IS				TVA à payer	11 107	8 152	9 520
Subv. d'expl.				TVA collectée	29 220	25 808	29 124
Subv. d'inv.				Impôt s/sociétés	24 770	14 700	24 847
Trésorerie positive	20 164	93 595	233 238	**Total dettes**	**196 980**	**148 723**	**148 559**
Total actif circulant	**230 795**	**284 294**	**423 279**	Dont à plus d'un an (LMT)			
				Dont à moins d'un an (CT)	196 980	148 723	148 559
Total actif	**346 528**	**377 220**	**493 319**	**Total passif**	**346 528**	**377 220**	**493 319**

Outil 55 Le compte de résultat

Résultat et soldes intermédiaires de gestion

Ventes
– Achats consommés sur ventes
Marge commerciale
Production
– Achats consommés de matières premières
Marge sur production
+ Ventes
– Achats consommés
Marge globale
– Charges externes et autres achats
Valeur ajoutée
Subventions d'exploitation
– Personnel
– Impôts et taxes (hors IS)
Excédent brut d'exploit.
– Dotations aux amortissements
Résultat d'exploitation
Produits financiers
– Charges financières
Résultat courant
Produits exceptionnels
– Charges exceptionnelles
Résultat exceptionnel
Résultat avant impôt
– Impôt sur les sociétés
RÉSULTAT NET

Le compte de résultat se calcule par étapes, créant ainsi les « comptes intermédiaires de gestion » :

- **Marge commerciale** : marge des entreprises commerciales.
- **Marge sur production** : marge des entreprises de production.
- **Marge globale** : somme des deux marges pour les entreprises mixtes.
- **Valeur ajoutée** : production de l'entreprise.
- **Excédent brut d'exploitation EBE** : résultat économique de l'entreprise.
- **Résultat courant** : résultat de l'entreprise après prise en compte des produits et charges financiers.
- **Résultat exceptionnel** : profits exceptionnels (recouvrement inattendu d'une créance sortie des comptes, produit de la vente d'un actif : filiale, usine, machines de production...), charges exceptionnelles (coûts de restructuration, valeur résiduelle des actifs vendus).
- **Résultat avant impôt** : bénéfice ou perte de la période.
- **Résultat après impôt** : bénéfice à distribuer ou perte à reporter sur la période suivante.

En résumé

Le compte de résultat retrace les faits (flux) qui se sont déroulés pendant l'année fiscale dans l'entreprise et permet de calculer la rentabilité.

Si le bilan est une photographie à un instant précis, le compte le résultat est le **film** de l'année fiscale de l'entreprise.

Insight

The income statement lists the transactions carried out over the course of the tax year and is used to calculate profitability.

If the balance sheet is a photograph of a precise moment in time, the income statement is a ***movie*** *of the company's tax year.*

Pourquoi l'utiliser ?

Objectif

Recenser et analyser les mouvements des comptes financiers de l'année fiscale pour calculer le résultat net. Le résultat permet de financer le développement de l'entreprise et/ou il peut être distribué.

Contexte

Le compte de résultat tout en faisant partie de la liasse fiscale que l'entreprise doit déposer aux services des impôts, est un **outil d'analyse des performances de l'entreprise pendant l'année fiscale**.

Le film de l'activité annuelle de l'entreprise.

Comment l'utiliser ?

Étapes

- **Établir le compte de résultat sur 3 ans suivant la réglementation**.
- **Calculer la CAF** (capacité d'autofinancement), qui évalue la capacité de l'entreprise à financer de nouveaux investissements (dans le cas de non-distribution de bénéfices) :

  Excédent brut d'exploitation

  \+ **Transfert des charges** (transfert à l'année suivante des charges qui ne correspondent pas aux coûts des ventes de l'exercice).

  \+ **Autres produits** (non directement liés à l'activité de l'entreprise, tels que loyers, redevances, subventions d'exploitation).

  – **Autres charges** (sous-traitance, achats non stockables de matières et de fournitures, travaux d'entretien et de réparation, etc.)

  +/– Quote-part de résultat sur opérations faites en commun (faites avec un associé ou en coopération avec d'autres entreprises sans qu'il y ait création d'une entité spécifique)

  \+ Produits financiers

  – Charges financières

  \+ Produits exceptionnels

  – Charges exceptionnelles

  – Participation des salariés aux fruits de l'expansion

  – Impôts sur les bénéfices
- **Calculer les ratios** :
  - Rentabilité financière : bénéfice net (après impôts)/fonds propres.
  - Indépendance financière : dettes LMT/capitaux propres.
  - Importance des charges financières : frais financiers/chiffre d'affaires.
  - Délai de recouvrement des créances clients : créances clients/ventes TTC.
  - Délai de paiement fournisseurs.
  - Cycle d'exploitation : stock moyen/coût de production des ventes.
  - Production par personne : productions vendues/effectifs.
  - Productivité du personnel : valeur ajoutée/effectifs.
  - Délai moyen de stockage des marchandises.
- **Analyser les ventes**.
- **Analyser l'évolution des comptes intermédiaires de gestion** et les ratios pour les 3 années (et comparer avec ceux du secteur d'activité).

Méthodologie et conseils

Une capacité d'autofinancement (CAF) positive combinée avec une politique de distribution de dividendes permet à l'entreprise d'autofinancer son expansion.

Avantages

✔ Le compte de résultat est l'outil qui permet d'analyser les performances et l'évolution de l'entreprise.

Précautions à prendre

✔ L'analyse des résultats est fastidieuse. L'avis d'un comptable et/ou d'un expert-comptable est nécessaire.

• • •

Comment être plus efficace ?

Analyse des ventes

Intitulé	Année 1	Année 2	Année 3
Ventes	274 400	294 124	329 955
	100,00 %	100,00 %	100,00 %
Produit 1	168 000	180 171	202 257
	61,22 %	61,26 %	61,30 %
Produit 2	106 400	113 953	127 698
	38,78 %	38,74 %	38,70 %

L'analyse des ventes consiste à étudier la progression ou la baisse par produit, mais aussi l'importance de chaque produit dans la composition du CA : ne pas mettre tous ses œufs dans le même panier !

La CAF

Intitulé	Année 1	Année 2	Année 3
EBE	101 519	143 215	198 672
+ Produits Fi			
– Charges Fi	3 434	791	
+ Produits except.			
– Charges except.			
– IS	24 770	39 468	58 123
CAF	73 315	102 956	140 549
– Dividendes			
AUTO-FINANCEMENT	73 315	102 956	140 549

Une CAF positive permet le financement de l'expansion de l'entreprise sur fonds propres. Dans le cas contraire, elle doit emprunter.

La rentabilité financière

Intitulé	Année 1	Année 2	Année 3
Résultat net	49 548	78 949	116 263
Capitaux propres	149 548	228 497	344 760
Ratio	33,13 %	34,55 %	33,72 %

La rentabilité financière doit être comparée à la rentabilité des autres placements et à la rentabilité du secteur. Une rentabilité stable ou en régression doit être corrigée.

L'indépendance financière

Intitulé	Année 1	Année 2	Année 3
Dettes LMT (plus d'un an)	0	0	0
Capitaux propres	149 548	228 497	344 760
Ratio	0 %	0 %	0 %

Ratio élevé : danger.
Ratio faible : possibilité d'emprunter.

Délai de recouvrement des créances clients/fournisseurs

Intitulé	Année 1	Année 2	Année 3
Créances clients	178 300	157 472	177 723
Total Ventes TTC	981 201	1 060 446	1 201 682
Ratio	65 jrs	53 jrs	53 jrs

Intitulé	Année 1	Année 2	Année 3
Dettes fournisseurs	81 881	71 771	55 721
Total Achats TTC	250 704	247 456	252 388
Ratio	117 jrs	104 jrs	79 jrs

Un delai de paiement fournisseurs supérieur à celui des clients augmente la trésorerie de l'entreprise.

Analyse des **Comptes** intermédiaires de gestion par rapport aux ventes

Intitulé	Année 1		Année 2		Année 3	
	Valeurs	%	Valeurs	%	Valeurs	%
+ Ventes de Marchandises	274 400	100,00 %	294 124	100,00 %	329 955	100,00 %
– Achats consommés de Marchandises	67 200	24,49 %	72076	24,51 %	80902	24,52 %
Marge commerciale	**207 200**	**75,51 %**	**222 048**	**75,49 %**	**249 053**	**75,48 %**
+ Production	546 000	100,00 %	592 535	100,00 %	674 798	100,00 %
– Achats consommés de matières premières	123 500	22,62 %	132 272	22,32 %	148 410	21,99 %
Marge sur production	**422 500**	**77,38 %**	**460 263**	**77,68 %**	**526 388**	**78,01 %**
+ Ventes	820 400	100,00 %	886 659	100,00 %	1 004 753	100,00 %
– Achats consommés	190 700	23,24 %	204 348	23,05 %	229 312	22,82 %
Marge globale	**629 700**	**76,76 %**	**682 311**	**76,95 %**	**775 441**	**77,18 %**
– Charges externes et autres achats	285 437	34,79 %	277 559	31,30 %	300 316	29,89 %
Valeur ajoutée	**344 263**	**41,96 %**	**404 752**	**45,65 %**	**475 125**	**47,29 %**
+ Subventions d'exploitation	7 920	0,97 %	3 960	0,45 %		
– Personnel	250 664	30,55 %	263 503	29,72 %	272 360	27,11 %
– Impôts et taxes (hors IS)			1 994	0,22 %	4 093	0,41 %
Excédent brut d'exploit.	**101 519**	**12,37 %**	**143 215**	**16,15 %**	**198 672**	**19,77 %**
– Dotations aux amortissements	23 767	2,90 %	24007	2,71 %	24286	2,42 %
Résultat d'exploitation	**77 752**	**9,48 %**	**119 208**	**13,44 %**	**174 386**	**17,36 %**
+ Produits financiers						
– Charges financières	3 434	0,42 %	791	0,09 %		
Résultat courant	**74 318**	**9,06 %**	**118 417**	**13,36 %**	**174 386**	**17,36 %**
Résultat exceptionnel						
Résultat avant impôt	**74 318**	**9,06 %**	**118 417**	**13,36 %**	**174 386**	**17,36 %**
– Impôt sur les sociétés	24 770	3,02 %	39468	4,45 %	58123	5,78 %
Résultat net	**49 548**	**6,04 %**	**78949**	**8,90 %**	**116 263**	**11,57 %**

Pour analyser le compte de résultat et les comptes intermédiaires de gestion, il convient d'**étudier non seulement les valeurs mais aussi et surtout leur pourcentage par rapport aux ventes**.

Ce tableau en 6 colonnes permet d'avoir une vision complète des comptes intermédiaires de gestion, de leur importance par rapport aux ventes et de leur évolution. Chaque compte doit être examiné par rapport aux ventes et à son évolution de haut en bas. Ainsi, le créateur peut analyser le compte de résultat. D'une manière générale, pour qu'une entreprise soit performante, elle doit **augmenter chaque année sa valeur ajoutée, son EBE et ses résultats**. ■

Calcul du seuil de rentabilité

Intitulé
CA :
Ventes de marchandises
Production
A. Total CA
Coûts variables :
Achats consommés
Charges externes et autres Achats
Personnel (commissions)
B. Total coûts variables
Coûts fixes :
Charges externes et autres achats
– Subventions d'exploitation
Personnel (salaires…)
Impôts et taxes (hors IS)
Dotations aux amortissements
– Produits financiers
Charges financières
C. Total coûts fixes
D. Marge sur coûts variables (A – B)
E. Taux de marge sur… (D/A)
Seuil de rentabilité (C/E)

En résumé

Le seuil de rentabilité ou **point mort** est un indicateur primordial pour piloter une activité et prendre des décisions. C'est le chiffre d'affaires minimum que doit générer une entreprise pour commencer à être rentable. C'est-à-dire qu'à partir de ce point, l'entreprise commence à dégager un bénéfice : la différence entre l'ensemble des produits et des charges est égale à zéro. On le calcule en valeur et en nombre de jours.

Insight

The break-even point is a vital indicator in terms of piloting a business and taking decisions. It is the minimum turnover a company has to generate in order to be profitable. In other words, beyond this point the company will start to make profits ; at the break-even point, the difference between products and charges is zero. The break-even point is calculated in terms of the income required to achieve it and the number of days required to generate that income.

Pourquoi l'utiliser ?

Objectif

Calculer le montant minimum des ventes qui permet de couvrir les charges (variables ou fixes) de l'entreprise. **Sa connaissance permet d'évaluer le risque des prévisions financières**.

Contexte

Le seuil de rentabilité calculé par rapport au compte de résultat donne une idée générale du risque que l'entreprise prend. En revanche, le calcul du seuil de rentabilité par activité permet de distinguer quelles activités sont plus ou moins risquées.

Le moment où l'entreprise commence à gagner de l'argent.

LE POINT MORT

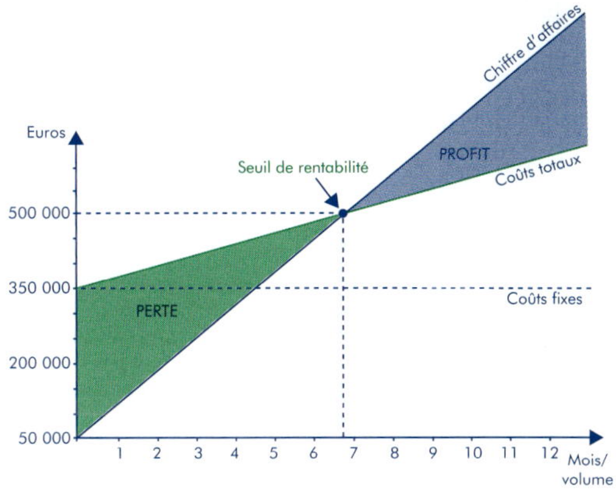

Comment l'utiliser ?

Étapes

- **Calculer le seuil de rentabilité de l'entreprise**.
- **Analyser le seuil de rentabilité sur les 3 ans**. S'il diminue, la marge de sécurité de l'entreprise augmente. S'il augmente, une analyse plus fine est nécessaire.
- **Calculer le seuil de rentabilité par activité** pour trouver les causes et intervenir sur l'activité à l'origine du problème.

Méthodologie et conseils

- La représentation graphique permet de visualiser le point mort qui se trouve à l'**intersection de la ligne des coûts et du chiffre d'affaires**.
- Si la marge de sécurité est faible et/ou si elle diminue dans le temps, analyser la structure des coûts (fixes et variables) et envisager leur diminution, intervenir au niveau des prix (si possible) et du volume des ventes. ■

Avantages

✔ Outil de pilotage stratégique par excellence, le seuil de rentabilité permet de prendre des décisions stratégiques qui vont jusqu'à l'abandon d'une activité trop risquée.

Précautions à prendre

✔ Le seuil de rentabilité global de l'entreprise qui a plusieurs activités est difficile à analyser. La tenue d'une comptabilité analytique (permettant le calcul du seuil de rentabilité par activité) donne l'occasion au dirigeant de prendre des décisions stratégiques pour chaque activité.

Le développement

L'entreprise créée, le plus difficile reste à faire : durer ! Le taux de survie des nouvelles entreprises est évalué à 65 % à 3 ans, à 52% à 5 ans (source Insee).
Les facteurs qui renforcent la survie des entreprises sont généralement liés à l'expérience du ou des créateurs, aux moyens financiers suffisants au départ et au secteur d'activité (certains sont plus difficiles que d'autres pour les jeunes entreprises).

Passer de créateur à entrepreneur !

Le **porteur de projet** se transforme progressivement en **entrepreneur** et en **gestionnaire** de son activité. L'entreprise nécessite une réflexion sur sa croissance et son positionnement pour les prochaines années, d'une part, et toute une organisation, d'autre part, pour éviter les écueils des premiers moments.
En effet, une entreprise a pour objectif final d'être pérenne et donc de durer. Ce qui ne veut pas dire pour autant que l'entrepreneur gérera toujours la même entreprise. Elle évoluera avec lui mais elle pourra aussi continuer à exister avec d'autres dirigeants que lui car l'entrepreneur peut envisager soit de transmettre son entreprise à un membre de sa famille, soit de la céder à un tiers pour en tirer un certain profit et démarrer un autre projet ou changer complètement d'activité.

Imaginer déjà la sortie

La sortie de son entreprise doit s'imaginer dès sa création et même, pour certains projets (innovants, technologiques, avec un grand nombre d'associés), être présentée dans la rubrique « Perspectives d'avenir » du business plan. Les **partenaires financiers sont intéressés par la trajectoire de l'entreprise** et souhaitent connaître les aspirations du futur dirigeant à ce niveau pour évaluer leurs risques.

Les différents besoins en gestion selon le stade de croissance

BESOINS EN GESTION SELON LE STADE DE CROISSANCE

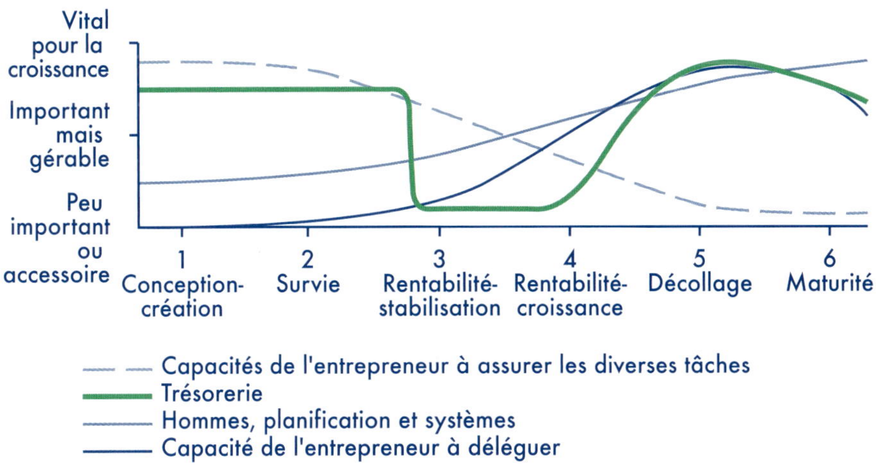

Les trois piliers des besoins de développement

• La **gestion de la croissance** entraîne une réflexion sur le marché et son évolution d'un côté et les aspirations de l'entrepreneur de l'autre.

Bien évidemment, l'étendue et le taux de croissance du marché vont déterminer en partie le rythme et l'intensité de la croissance de l'entreprise. On ne se développe pas de la même manière sur le marché de la restauration rapide et sur celui des services bureautiques destinés aux entreprises.

Mais, le créateur devenu entrepreneur, peut également anticiper et suivre le développement du marché ou anticiper le développement d'un nouveau marché ou bien au contraire vouloir conserver une petite activité où il restera seul sans salarié.

• Par ailleurs, pour se développer et être pérenne, l'entreprise nécessite des **moyens d'organisation** plus performants et plus sophistiqués ; même s'ils doivent rester cohérents avec le type et la nature de l'activité de l'entreprise.

Des tableaux de bord sont nécessaires pour suivre l'activité (les ventes et la trésorerie notamment).

• La participation à des **réseaux** professionnels ou généralistes permet des échanges et une veille active.

Dossier

Les OUTILS

Outil 57 Les choix stratégiques à trois ans

Matrices et outils

L'analyse SWOT

	Nos forces	Nos faiblesses
Opportunités du marché	En quoi nos forces nous permettent-elles de saisir l'une (plusieurs) de ces opportunités ?	En quoi nos faiblesses nous empêcheraient-elles de saisir l'une (plusieurs) de ces opportunités ?
Menaces sur le marché	En quoi nos forces nous permettent-elles de contrer l'une (plusieurs) de ces menaces ?	En quoi nos faiblesses renforceraient-elles l'une (plusieurs) de ces menaces ?

La matrice d'Ansoff

Marchés	Produits : Actuels	Produits : Nouveaux
Nouveau	Extension et conquête de nouveaux marchés	Diversification
Actuel	Pénétration du marché	Innovation de produits

Adapté d'Ansoff I.

L'analyse de Porter

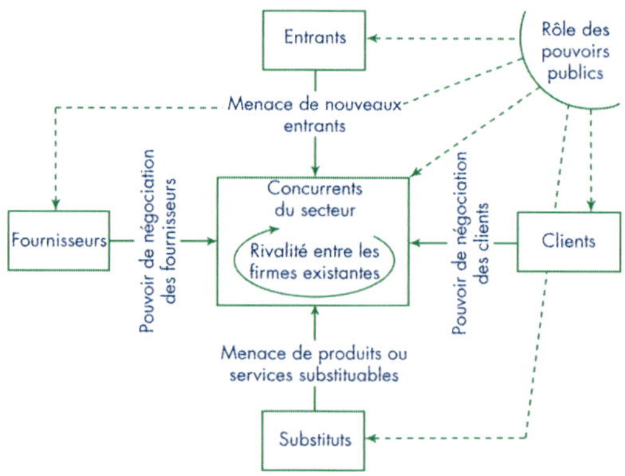

En résumé

Une fois l'entreprise créée, avec un business model précis, il convient d'être vigilant et d'imaginer la stratégie à mener dans les années à venir. En général, l'horizon est de trois ans.

Des outils de décision permettent une visualisation des possibilités, comme les matrices SWOT, d'Ansoff, de Porter ou l'analyse de quelques concurrents (*benchmark*).

Insight

Once the company has been set up on the basis of a precise business model, entrepreneurs would be well advised to plan a strategy for the coming years. Generally speaking, a three year period is taken into account. Decision-making tools such as SWOT, Ansoff and Porter matrices make it possible to visualise possibilities and analyse the positioning of competitors by means of benchmarks.

Pourquoi l'utiliser ?

Objectif

Une fois l'entreprise lancée et les premiers clients acquis, il est impératif de **se fixer des objectifs pour le futur** pour assurer un positionnement pérenne face à des concurrents qui réagissent.

Contexte

Le taux de pérennité se situe aux alentours de deux tiers au bout des trois premières années. Les raisons principales de difficultés sont d'ordre économique dans les trois quarts des cas (marché, trésorerie, financement) et d'ordre personnel.

Comment l'utiliser ?

Étapes

• **Analyser les opportunités et les menaces** qui pèsent ou risquent de peser sur l'entreprise ainsi que **les forces et faiblesses** de l'entreprise, maintenant et dans le futur. Le recours à la matrice SWOT est classique à ce stade.

• **Étudier particulièrement les stratégies des concurrents** au sens large (analyse de Porter) et organiser un benchmark de quelques rivaux directs sur quelques points à améliorer (rapidité de service, logistique, service après-vente, etc.) en recherchant les écarts pour les réduire.

• À partir de ces deux analyses, **effectuer des choix de développement**. Le recours à la matrice d'Ansoff est éclairant.

• Envisager l'extension de son marché de manière géographique par le biais de l'exportation, de la sous-traitance ou co-traitance, de l'installation commerciale ou industrielle dans certains pays étrangers.

Méthodologie et conseils

• Ne pas mettre « tous ses œufs dans le même panier » ! C'est-à-dire se diversifier sur de nouveaux couples produit-marché et ne jamais vendre à un seul client ni acheter à un seul fournisseur.

Anticiper les évolutions du marché pour durer.

• Gérer la croissance est tout un art. **Toujours rester sur ses basiques et ses compétences distinctives**. Plus de chiffre d'affaires entraîne une différence en termes de trésorerie et/ou de besoin en fonds de roulement, des problèmes de locaux ou de matériel de production, de personnel ! Et pas automatiquement une rentabilité supérieure.

• Les meilleurs benchmarks sont ceux qui font sortir l'entreprise de son domaine d'activité habituelle. Par exemple une entreprise de fabrication de peinture qui souhaite améliorer sa logistique pourrait trouver des réponses auprès d'entreprises de vente par correspondance. ■

Avantages

✔ Anticiper et préparer l'avenir de l'entreprise.

✔ Permet une attitude de remise en question permanente fondée sur une veille permanente du marché et de benchmark des concurrents pour se comparer à ceux qui réussissent dans leur domaine.

✔ Augmenter la valeur de l'entreprise en vue de sa cession.

Précautions à prendre

✔ Être persuadé qu'un bon secteur ou de bons produits ne le seront jamais « à vie » : anticiper les besoins des clients et innover sont deux nécessités vitales pour durer.

✔ Ne pas confondre croissance du chiffre d'affaires et rentabilité !

Les moyens d'organisation

Organiser l'avenir

Moyens d'organisation	
En interne	• Tableaux de bord • Suivi commercial • Suivi de la trésorerie • Suivi du besoin en fonds de roulement • Efficacité du personnel
En externe	• Veille

En résumé

Une jeune entreprise a besoin de s'organiser et de définir les bons outils pour assurer le pilotage de son développement. Ces outils ne doivent pas être trop nombreux pour éviter la dispersion et la perte de temps. En même temps, ils doivent aider l'entrepreneur et son équipe à assurer le développement de l'entreprise et, en ce sens, être conçus de la manière la plus cohérente possible avec le type d'activité de l'entreprise.

Insight

Start-up companies need to organise themselves and define effective tools for piloting their development. To avoid wasting time, the number of such tools should be kept to a minimum. They must, however, help entrepreneurs and their teams to develop the company, and, in this sense, should be designed to be as compatible as possible with the type of activity in which the company is involved.

Pourquoi l'utiliser ?

Objectif

Se doter d'outils performants et bien dimensionnés pour assurer le développement de l'entreprise. Ces outils sont à la fois centrés sur l'entreprise et son fonctionnement (tableaux de bord) et sur l'extérieur (**veille**). Ces outils évolueront dans le temps et se sophistiqueront pour suivre l'évolution du BM de l'entreprise.

Contexte

L'objectif premier d'une entreprise est de vendre à des clients et de proposer une offre différenciée par rapport aux concurrents. Les clients sont volatils et bien informés, leurs besoins et goûts évoluent vite : les suivre et même les anticiper est une obligation. Suivre les réalisations par rapport aux prévisions faites chaque année nécessite des indicateurs simples mais fiables, appelés **tableaux de bord**.

Dès le début, s'organiser pour grandir.

Comment l'utiliser ?

Étapes

- **Établir une liste des indicateurs déterminants** de son activité à surveiller par des tableaux de bord.
- **Faire un suivi systématique** de tous ces éléments chaque semaine pendant les premiers mois d'activité.
- **Organiser une veille permanente** de la concurrence au sens large (rivaux directs, mais aussi fournisseurs, clients, produits de substitution et nouveaux entrants possibles).
- **Gérer la montée en puissance de son activité**. Une augmentation plus importante que prévue des ventes entraîne inévitablement un besoin de stocks plus élevé, donc un besoin en fonds de roulement et une trésorerie plus importants. L'entreprise peut-elle soutenir cette croissance trop rapide ? À l'inverse, des ventes qui ne décollent pas entraînent un chiffre d'affaires moindre mais des charges identiques, d'où un résultat en nette baisse ou déficitaire.

Méthodologie et conseils

- Visiter les foires et salons les plus importants dans son business, une fois par an, pour « ressentir le marché et les évolutions ».
- Faire évoluer et compléter ses outils de gestion au fur et à mesure des étapes du développement de l'entreprise.
- Dès la moindre alerte ou problème de trésorerie, de non-paiement d'un client, de baisse des ventes, etc., en discuter avec un conseiller ou son banquier. Le Centre d'information sur la prévention informe et oriente pour prévenir les difficultés. ■

Avantages

✔ Piloter en permanence l'entreprise pour assurer son développement et éviter les risques de défaillance.

✔ Gagner du temps face aux difficultés : réagir le plus vite possible est la meilleure solution !

Précautions à prendre

✔ Centrer sa veille sur certains secteurs d'activité ou sur des indicateurs précis à surveiller.

✔ Parler de ses problèmes pour les résoudre et ne pas attendre « en faisant l'autruche » !

✔ Observer quelques principes de gestion de prudence : calculer au plus juste son coût de revient, limiter les frais fixes, gérer les stocks en flux tendus et surveiller les ventes.

Les réseaux

Échange et partage

En résumé

Faire partie de réseaux est une démarche stratégique et volontaire. Tout entrepreneur, et plus encore un nouvel entrepreneur, ne peut exister durablement seul et isolé. La participation à des réseaux est bénéfique pour échanger, s'informer et trouver de nouveaux partenaires pour son développement.

Le choix du ou des réseaux est crucial, d'autant que participer activement à un réseau prend du temps.

Insight

Developing networks is a strategic and voluntary activity. All entrepreneurs, and this is especially true of new entrepreneurs, need support if they are to be successful. Being involved in networks is vital to exchanging ideas, keeping up-to-date with the latest developments and finding new partners able to help the company expand.

Choosing the right network or networks is crucial, especially in view of the fact that establishing oneself as a member of a network takes time.

Pourquoi l'utiliser ?

Objectif

Les réseaux permettent une veille systématique, des rencontres et des retours d'expériences de la part d'autres entrepreneurs, mais aussi un gain de temps et d'énergie. Cela permet également de se faire connaître et de trouver les bonnes compétences.

Contexte

À l'origine, le mot réseau désigne un petit filet destiné à prendre des oiseaux ou du petit gibier.
On retrouve cette **idée de maillage et de circulation d'information** pour tisser des liens dans son sens moderne ; sachant qu'un entrepreneur ne peut rester seul pour exister et se développer.

Faire partie de réseaux pour rompre l'isolement.

Comment l'utiliser ?

Etapes

- **Faire un bilan sur ses attentes par rapport à un réseau** et sur les apports qu'on peut y faire.
- **Repérer le ou les réseaux les plus adaptés à son activité** :
  – Le réseau social de proximité regroupe famille, amis, anciens camarades de promotion, voisins, collègues, etc.
  – Le réseau professionnel regroupe des personnes qui ont en commun une activité professionnelle ou un secteur d'activité. Le premier réseau est son syndicat ou groupement professionnel.
  – Les réseaux de réflexion ou « *think tanks* » permettent de rencontrer des personnes issues de milieux différents et de réfléchir à des problèmes plus généraux.
  – Les réseaux sociaux peuvent recouvrir ces autres formes de réseau ; seule leur façon d'évoluer change. 19 % des dirigeants de PME utilisent les réseaux sociaux généralistes (Facebook, Ziki) ou professionnels (Viadeo, LinkedIn) pour promouvoir leur activité, détecter des innovations et suivre la concurrence (enquête Institut Sage, novembre 2009).
- S'inscrire dans un nombre raisonnable de réseaux pour y être actif.

Méthodologie et conseils

- Pour qu'un réseau soit bénéfique, chaque contributeur doit y participer activement ; bien le choisir est donc crucial. La réputation du réseau est un point essentiel dans la décision. Adopter un comportement éthique.
- Ne pas se noyer dans une présence dans de trop nombreux réseaux.
- Se fixer des objectifs précis pour chaque réseau. ■

Avantages

- ✔ Rompre le sentiment de solitude et d'isolement très fréquent des jeunes entrepreneurs, surtout s'ils ne sont plus aidés, conseillés ou hébergés dans des structures de création.
- ✔ Rencontrer et échanger avec des personnes, soit de la même activité, soit d'autres activités, pour être toujours en alerte et anticiper les évolutions futures.
- ✔ Coopérer avec d'autres entrepreneurs, simplement parce qu'on les a rencontrés dans ces réseaux.

Précautions à prendre

- ✔ Être actif dans un réseau prend du temps.
- ✔ Participer à un réseau ne signifie pas pour autant tout dévoiler sur son fonctionnement ou sur ses secrets de fabrication !

Bibliographie, sitographie et contacts

LÉGER-JARNIOU C., KALOUSIS G., *Construire son business plan*, Dunod, « Entrepreneurs », 2e éd. 2010.

LÉGER-JARNIOU C., *Réaliser l'étude de marché de son projet d'entreprise*, Dunod, « Entrepreneurs », 3e éd. 2007.

PAPIN R., Stratégie pour la création d'entreprise, Dunod, 14e éd. 2011.

CONSO P., HEMICI F., *Gestion financière de l'entreprise*, Dunod, 11e éd. 2005.

Presse économique

Challenges. http://www.challenges-eco.com

Chef d'entreprise magazine. http://www.chefdentreprise.com

Entreprendre. http://www.entreprendre.fr

Le *Moci*, hebdomadaire français du commerce international. http://www.lemoci.com

Le Nouvel entrepreneur. http://www.nouvelentrepreneur.fr

L'Entreprise. http://www.lentreprise.fr

Salons

Salon des entrepreneurs. www.salondesentrepreneurs.com

Salon des micro-entreprises. www.salonmicroentreprises.com

Salon de la franchise. www.franchiseparis.com

Dossiers, guides et portail de la création

APCE. www.apce.com

Informations essentielles

Assemblée des Chambres françaises de commerce et d'industrie
http://www.acfci.cci.fr

Centre des jeunes dirigeants d'entreprise (CJD)
http://www.cjd.net

Assemblée permanente des chambres de métier (APCM)
http://www.apcm.com

Elan, réseau national des pépinières d'entreprises
http://www.pepinieres-elan.fr/
Médiateur du crédit
Possibilité de constituer, en ligne, un dossier de médiation du crédit et de saisir le médiateur.
http://www.mediateurducredit.fr
Portail Entreprises
http://www.entreprises.gouv.fr
Servicepublic « espace professionnels »
Portail de l'administration française.
http://www.servicepublic.fr
Tpe-Pme.com, site dédié aux TPE et PME
http://www.tpe-pme.com
Annuaire des CFE Centre de formalités d'entreprise
http://annuaire-cfe.insee.fr/AnnuaireCFE/jsp/Controleur.jsp
Déclaration en ligne
http://www.cfe-metiers.com ; https://www.greffes-formalites.fr
Net-entreprises
Permet d'effectuer, par Internet, les déclarations sociales.
http://www.net-entreprises.fr
Rétis
Réseau regroupant les centres CEEI, technopoles, incubateurs français et pôles de compétitivité.
www.retis-innovation.fr
Urssaf
La rubrique « déclarer et payer » permet d'effectuer en ligne les déclarations et de payer les cotisations.
http://www.urssaf.fr

Données économiques

Adit. www.adit.fr
Agence pour la diffusion de l'information technologique
Centre d'analyse stratégique (remplace le Commissariat général du Plan)
Études et analyses contribuant à la définition et à la mise en œuvre des politiques publiques. http://www.strategie.gouv.fr
Credoc, Centre de recherche pour l'étude et l'observation des conditions de vie
www.credoc.fr
Eurostat
Office statistique des communautés européennes.
http://europa.eu.int/comm/eurostat/
Fédération de la franchise
Portail de la franchise.
www.franchise-fff.com
Insee, Institut national de la statistique
Portail des statistiques françaises. http://www.insee.fr
Et informations locales. http://www.statistiques-locales.insee.fr/esl/accueil.asp
Journal officiel
Publie les textes législatifs et réglementaires de la République française.
www.journal-officiel.gouv.fr

La Documentation Française
Publie des rapports publics en texte intégral, dossiers, références et sélections bibliographiques.
http://www.ladocumentationfrancaise.fr

Pôle emploi
Portail pour les employeurs et demandeurs d'emploi.
www.pole-emploi.fr

Portail de la consommation
Accès à des dossiers, des conseils pratiques et carnet d'adresses.
http://www.conso.net

Portail de la statistique publique française
http://www.statistique-publique.fr

Site PME (Dgcis)
http://www.pme.gouv.fr

Xerfi
Le portail d'études sectorielles consultables par abonnement ou à l'unité.
http://www.xerfi.com

Réseaux d'information et d'accompagnement

Adie, Association pour le droit à l'initiative économique
Spécialiste des micro-entreprises.
http://www.adie.org

Confédération nationale des junior entreprises
Au sein des universités et écoles, proposent des services payants et sont encadrés par des enseignants.
http://www.junior-entreprises.com

Experts-comptables
Adresses des experts-comptables de toute la France.
http://www.experts-comptables.fr

France Initiative
Plateformes qui offrent informations, conseil, accompagnement et financement.
http://www.france-initiative.fr

BGE – ensemBle pour aGir et Entreprendre (Réseau des Boutiques de gestion)
Organisées en réseau, proposent écoute, formation, conseil et suivi des jeunes entreprises. http://www.boutiques-de-gestion.com

Réseau Entreprendre
Fédération d'associations de chefs d'entreprises qui se mobilisent gratuitement au service de nouveaux créateurs d'entreprise.
http://www.reseau-entreprendre.org

Union des couveuses
Permettent aux créateurs de tester la faisabilité et la viabilité économique de leurs projets dans un cadre contractuel et de se former au métier d'entrepreneur, dans une démarche sociale et solidaire.
http://www.uniondescouveuses.com

Financer son projet

Afic Association française des investisseurs en capital

Propose une réponse aux besoins de financement des Pme non cotées.

http://www.afic.asso.fr

Appui PME

Ce nouveau site, géré par CDC Entreprises a pour vocation d'orienter les entreprises vers des investisseurs et des réseaux de prêts d'honneur pour répondre à leurs besoins en fonds propres.

http://www.appuipme.fr ; http://www.cdcentreprises.fr

Autonomie et Solidarité

Société de capital-risque dédiée aux projets relevant de l'économie sociale et solidaire.

http://www.autonomieetsolidarite.fr

Cigales

Ces clubs collectent de l'épargne de proximité et prennent des participations dans le capital de petites entreprises.

http://www.cigales.asso.fr

Evca

Organisation européenne de sociétés de capital risque et de développement.

http://www.evca.com

Finansol

Portail des finances solidaires.

http://www.finansol.org

France active

Réseau de proximité qui aide les personnes en difficulté à créer leur entreprise individuelle.

http://www.franceactive.org

France angels

Rassemble, qualifie et rend accessible toute information concernant les réseaux de business angels.

http://www.franceangels.org

Love money

Associations mobilisant localement toutes les personnes de bonne volonté afin qu'elles investissent en temps, en argent et en compétences pour accompagner des porteurs de projets d'entreprises.

http://www.love-money.org

OSEO capital PME

Informations et mise en relation des investisseurs personnes physiques et entreprises à la recherche de capitaux.

http://capital-pme.oseo.fr

Financement entreprises innovantes

Angel-invest

http://www.angel-invest.com/

Chausson Finance

http://www.chaussonfinance.com

Evca, Organisation européenne de sociétés de capital risque et de développement

http://www.evca.com

Innovaction
http://www.innovaction.fr

Leonardo finance
http://www.leonardofinance.fr

Protéger ses idées

APP, Agence pour la protection des programmes informatiques
http://app.legalis.net

Compagnie nationale des conseils en propriété industrielle (Cncpi)
Représente la profession de conseil en propriété industrielle.
http://www.cncpi.fr

esp@cenet
Portail géré par l'office européen des brevets.
http://www.espacenet.com/index.en.htm

European patent office
Données sur les brevets aux niveaux national, européen et international.
http://www.european-patent-office.org

Inpi, Institut national de la propriété industrielle
L'Inpi informe, permet d'accéder gratuitement à ses bases de données et d'effectuer des démarches en ligne.
http://www.inpi.fr

OMPI, Organisation mondiale de la propriété intellectuelle
Informations en matière de propriété industrielle au niveau mondial.
http://www.wipo.int/sme/fr/

International

Agence française de développement
L'agence intervient dans plus de 60 pays sur les 5 continents et propose des informations et des contacts.
http://www.afd.fr

Coface
Organisme facilitant le crédit inter-entreprises.
www.coface.fr

OCDE, Organisation de coopération et de développement économique
Informations, études et données mondiales.
www.ocde.org

Racine, réseau d'appui et de capitalisation des innovations européennes
Racine apporte un appui au pilotage des programmes et initiatives communautaires en faveur de l'emploi et de la formation professionnelle.
http://www.racine.fr

UbiFrance
Réseau d'aide pour l'export et l'international.
www.ubifrance.fr

Les mots-clés de la création d'entreprise

Avantage concurrentiel ou « bénéfice client »
C'est le « plus » que les clients désirent trouver dans la nouvelle offre, qu'il soit tangible ou immatériel, en échange d'un prix donné.

Besoin en fonds de roulement (BFR)
Exprime la somme d'argent dont l'entreprise a besoin pour financer son exploitation.

- Pour les entreprises commerciales et de production :

Stock moyen HT + Encours moyens créances clients TTC – Encours moyens crédits fournisseurs TTC

- Pour les entreprises de services :

Travaux en cours + Encours moyens créances clients TTC – Encours moyen acomptes clients TTC

Business angels
Investisseurs individuels qui participent au financement du démarrage de l'entreprise tout en apportant leurs compétences, leurs carnets d'adresses et leurs conseils.

Business model
Description du mécanisme de création de valeur de l'entreprise que l'on peut exprimer ainsi : « Comment générer des revenus et de la rentabilité à partir de cette idée et avec les moyens envisagés ? »

Business plan ou plan d'affaires
Document écrit, synthétique et prospectif, qui retrace l'histoire d'une idée qui se transforme en projet d'entreprise. C'est un document complet qui comprend une partie textuelle et sa traduction financière. C'est à la fois un document de travail et un outil de communication.

Concurrence
Tout projet a toujours des concurrents, qu'ils soient directs ou indirects (offre de produits ou services similaires), proches ou très éloignés géographiquement.

Confidentialité
Ensemble des pratiques et des démarches qui permettent de protéger le savoir-faire.

Étude de marché

Étude globale permettant au créateur de comprendre le fonctionnement du marché visé et les attentes de ses futurs clients dans le but de définir une offre nouvelle et de définir un chiffre d'affaires prévisionnel.

Executive summary

Résumé stratégique de tout le projet de création. Il sert d'introduction au BP et doit convaincre en une page. Son écriture doit être très soignée.

Facteurs clés de succès

Caractéristiques imposées par l'environnement et les attentes des clients à un moment donné, qu'une entreprise doit maîtriser si elle veut conquérir des parts de marché de manière pérenne (ex. prix, délai, qualité, image, innovation, etc.)

Fenêtre d'opportunité ou *time to market*

Capacité de rencontrer son marché au bon moment, ni trop tôt ni trop tard.

Fonds de roulement (FR)

Le fonds de roulement représente les moyens dont l'entreprise dispose à court terme pour financer son exploitation.

FR = fonds propres + provisions + impôts différés + dettes à long terme – immobilisations brutes (sans les amortissements).

Immobilisations

Biens qui restent d'une manière permanente dans la société, qu'ils soient incorporels, corporels ou financiers.

Jour J

Jour où l'entreprise est prête à vendre.

Mix-marketing

Ensemble des éléments d'offre (produits ou services), prix (ou tarification), distribution et communication qui permettent de toucher commercialement les clients.

Plan de financement initial

Sous forme de tableau, il recense les dépenses et les ressources de la phase d'installation de l'entreprise.

Positionnement

Choix faits en matière d'offre produit ou services, prix, mode de distribution et communication pour se différencier des offres des concurrents.

Réseau

Lieu de rencontre, physique ou virtuel, pour échanger.

Seuil de rentabilité ou point mort

Traduit le volume de ventes minimum que doit générer une entreprise pour commencer à être rentable. On le visualise par un point « d'équilibre » qui ne dégage ni profit ni pertes.

Sociétés de capital-risque

Sociétés qui apportent du financement aux jeunes entreprises, notamment innovantes. Leurs exigences de rendement sont très importantes et ils interviennent plutôt lors du premier développement de l'entreprise.

Trésorerie

Elle est égale au fonds de roulement moins le besoin en fonds de roulement.

Pour contacter les auteurs :

Catherine Léger-Jarniou : catherine.leger-jarniou@dauphine.fr
Georges Kalousis : Kaloussis.france@free.fr

Illustrations :

Raphaëlle Danet : raph.danet@gmail.com

Traduction en anglais :

Michael Lavin : mrmlavin@btconnect.com

55150-(II)-(1,5)-CHRO100-294-356-NO-JME
Dépôt légal : août 2011
Imprimé en France par I.M.E. - 25110 Baume-les-Dames